JN113750

会計学の基層

村田直樹［著］

創 成 社

はしがき

本書は，会計学の研究方法を模索したものである。本書の出版を意図して，すでに 20 年が経過した。この間，会計学研究の主流は，会計基準を拠り所としてその解釈を提示することによって現実的な対応という幻想を描こうとするものであった。さらに，この現実的な対応を具現化する一つの方法として実証研究が，会計学の中で重要な地位を占めてきた。これらの研究は会計学の本質とは何か，という科学としての学問的意義を無視し，統計的な実証を拠り所として，実務レベルの有用性を重視して，株式会社を軸とする資本主義経済の経済的諸活動をサポートしようとしてきた。しかし，会計学の課題はそれだけではない。事物の本質は，それを取り囲む現象が，地層のように幾重にも重なり，我々は，その表面を目にするだけである。つまり，会計学の基層を探るためには，それに関する現象を一つ一つ剥がしながら本質に迫っていくことになる。目に見えるものだけが真実なら，およそ学問はその存在価値を失うことになる。会計の社会経済的存立基盤を究明するためには，現代の株式会社における会計が資本主義的な営利活動を損益計算に落とし込む用具として機能している事を理解する必要がある。事物の基底に存在して，それらを支え，基盤となる存在である基層を会計の社会的機能を介して，摘出することが会計学の学問的使命である。

本書では，会計研究の始点をイギリス産業革命期においている。もちろんそれ以前にも会計は存在したし，社会経済に対して一定の機能を果たしていた。イギリス産業革命期は，資本主義的に経営されるすべての生産部門を包括する産業資本が生成し，近代的な意味での株式会社が発生する時期でもある。産業資本の生成と株式会社の発生は，近代会計理論の基底にある最も重要な要因である。会計理論は資本主義経済の発展段階に呼応して，近代会計理論から現代会計理論へと転化した。現代の金融資本主義経済の下では，会計は擬制資本の計算を本旨として，持分関係の写像である企業価値の測定を課題としている。

これらを前提として本書は以下のような構成になっている。第1章は総論である。会計理論とそれを構成する会計諸概念が，歴史的所産であるという前提に立ち，会計研究の中で歴史をどのように取り扱うべきか，さらに財務会計と管理会計の分化とそれぞれの独自の発展過程を検討している。第2章から第7章までは，近代会計理論の主軸となる会計概念について，その社会経済的機能を検討することで，近代会計理論の発展と現代会計理論への昇華を分析している。第8章，第9章は，それぞれイギリス運河会社とイギリス鉄道会社での近代会計理論の生成を検討している。近代会計理論の生成過程において，それを構成する会計諸概念の中心的課題は，資産の会計的評価の問題であった。運河会社と鉄道会社は当時の産業の中で，最も資本の有機的構成が高度化した産業であった。

イギリス産業革命期の物流を支えたものは，イギリスの内陸運河であった。産業革命期は，産業資本が生成し発展する時期である。資本の循環運動を自己認識しようとする会計にとっても，道標となる時期である。産業革命期の運河会社はその建設に莫大な資金が必要であり，投下された資金のほとんどが固定資本に吸収されてしまうため，その管理にともなう会計的な処理や政策が，近代会計理論の精緻化を促進したのである。

19世紀に登場する鉄道は，産業革命によって国内に蓄積された資本と工業的技術の集大成であった。鉄道会社に投下される資本は，運河会社同様，当時の他の産業と比べて莫大で，しかもその固定化が著しく，このような巨額で固定化した資本の管理問題に直面した最初の企業であった。莫大な資金需要を満たすためには，株式会社形態が必要で，法定会社として設立された鉄道会社は，その建設期から公的規制が存在した。さらに，株式による建設資金の調達は，配当の問題から逃れることはできず，会計はこのような状況に見合う財務情報の提供が必要となったのである。このような状況から鉄道会社において近代会計は理論化され，精緻化されていったのである。

本書を上梓するにあたって，45年余の研究生活を振り返れば，多くの恩師，先学，学友たちの指導と恩恵を受けてきた。深く感謝する次第である。また，長年の研究に対して，言論及び執筆の自由を保障し，適切な研究環境を与えてくださった日本大学経済学部をはじめ勤務諸大学に対し，謝意を表するものである。本書出版に当たっては，校正その他の支援を名城大学経営学部准教授相川奈美先生と日本大学経済学部助教野口翔平先生から受けている。感謝申し上げる。

最後に，出版事情の厳しい折に，本書の出版を快く引き受けてくださった，株式会社創成社社長塚田尚寛氏，並びに同社出版部西田徹氏に深甚の謝意を表す次第である。特に，塚田社長には，筆者の研究にご理解をいただき，その成果報告に対して，幾度となくご支援を賜った。この場を借りて改めて強く感謝するものである。

令和2年7月16日　於　神田猿楽町

村田直樹

目　次

第1章　現代会計学研究の視座

Ⅰ　会計研究の方法

1．会計と歴史

現代企業の実相を解明しようとするとき，その一つの拠り所となるものは，企業会計である。なぜなら，企業の経済活動全般を測定し，企業経営における資本主義的合理性を管理・統制を通じて損益計算に落とし込むことを，企業会計が使命としているからである。

現代の企業会計は，資本主義的経済合理性に捕縛されることを宿命とした観念的に構築された社会経済的システムである。人が季節によって衣服を着替えるように，企業を取り巻く経済的環境に対応して，会計における計算技法や報告様式を変化させてきた。この計算技法と報告様式の基盤となる会計理論とそれを構成する会計諸概念は，その生成当初から歴史的社会経済的機能を内包するよう義務づけられている。したがって，会計の本質に迫るためには，計算技法や報告様式の変化を解釈・解説するのではなく，その変化を生じさせた基盤である社会経済との関連から分析することが重要である。すなわち，会計の資本主義的性格を明確化し，歴史的，社会的，経済的諸過程からの相対化が必要である。

事物の発展は，それを取り巻く諸現象からの相対化を試み，また，歴史的諸関係の検討を通じてその本質を把握することで理解される。会計を支える会計理論およびその構成要素である会計諸概念は，歴史的所産である。会計の歴史は会計理論の偶発的な集積や断片的な集約ではなく，会計理論は，会計の客観的実在を反映したもので，人が行う会計的な実践から生起する問題に対して，その解決のための仮説を提起し，歴史的社会的実践の中で，検証することで成立する。そして出発点としての歴史的事実すなわち事例は，資本主義的生産諸関係の中から摘出された会計に関する仮説を論証するためのものでなければならない。現代会計理論の最大の欠陥は，会計学の諸問題に対する歴史的な取り扱い方をまったく欠いていることにある[1]。

社会科学である会計は，自然科学のように実験によって仮説を証明することはできない。したがって、実験室をもたない社会科学は，歴史的社会的実践を通じて仮説の証明を行うことになる。しかし，歴史の場では，実験室のようにその条件を人為的に決定することはできない。実験条件を一定にすることによって，誰が実験を行っても同じ結果が得られることで，その法則が明らかとなる。実験条件が変化すれば，実験結果は異なるものになる。したがって，歴史的社会的実践の中で検証する場合，会計的事象の実験条件である社会経済的背景の分析が必要である。自らの仮説を歴史的事実によって証明しようとする場合，特定の企業における会計実践が，例外的なものであり，当該企業における会計実践が特に進んでいたのではないかという批判を受けることがある。しかし，発生史や通史の研究と違い会計理論とそれを構成する会計諸概念が歴史的所産であるという認識に立てば，対象となる会計実践が存在する理由は，歴史的な社会経済的背景の中にある。結果だけを拾い集め，それをつなぎ合わせても何も証明することはできない。その意味からも会計における歴史研究は，社会科学としての会計学にとって重要な要素である。

勘定は組織に従属し，組織は戦略に従属している。その戦略は，経済的環境の変化によって立案される。したがって会計は経済的諸過程から把握する必要がある。資本主義経済の中に存在する会計理論は，会計士や企業の会計担当者の専門的知識から形成されるものではなく，資本主義経済の諸矛盾という客観的な過程から資本家を通じて作り出される。つまり，会計理論を単なる技術論として理解するのではなく，社会経済的過程から把握する必要がある。たとえ

1）中村萬次『会計政策論』ミネルヴァ書房，1977年，2ページ。
2）中村萬次『「資本主義会計学」批判の方法』松本　剛・西村明編著『会計学の方法』ミネルヴァ書房，1984年，17ページ。

ば，低価法は中世イタリアの商人が財産税への対応として創出したが[2]，第1次世界大戦期の節税対策として機能し，保守主義と継続性の原則によって理論武装され，1938年のアメリカ歳入法によって容認され，現代会計理論の一つとなった。また，割引現在価値計算を用いた資産評価は，産業革命期の鉱山業で見られ，その割引率は産業資本形成期を反映して収益率が用いられたが[3]，金融資本主義の下では，割引率に資本コストや市場利子率が用いられている。近代会計理論が産業資本の確立過程で精緻化されていったように，現代会計理論の根底には，金融資本主義への転化の過程が重要な要素として存在する。さらに歴史研究においては，会計理論や会計諸概念の経済的基盤を吟味する必要がある。たとえば，現金主義会計といっても，産業資本形成期と金融資本の確立期では，本質的な内容に違いがある。産業資本確立期における貨幣は，兌換紙幣（機能資本）であり，現代の貨幣は管理通貨制度のもとでの不換紙幣（擬制資本）である。この違いは，擬制資本を機能資本化し，機能資本を擬制資本化しようとする現代会計の理論構造を分析するための重要な視点となるものである。

2．会計の機能と構造－簿記，財務会計，管理会計－

簿記の目的は，一般に，備忘録（経済事象の歴史的記録），一定時点の財政状態の把握，一定期間の経営成績の表示とされる。簿記は，日々の個別的な経済事象を記録し，計算して，経済事象の全体的な状況および期間的成果を総括するものである。簿記の内容は，記帳記録そのものであるが，簿記は記録から総括する過程で，労働過程から意識された目的が達成されたかどうかを確認するための計算でもある[4]。この確認はその目的と結果との比較分析を通じて行われることから，簿記は統制的な計算である。簿記や会計は単なる計算技術の体

3）D. Oldroyd, *Estates, Enterprise and Investment at the Industrial Revolution: Estate Management and Accounting in the North-East of England, c. 1700–1780*, 2007, p.105.

4）西村　明『会計の統制機能と管理会計』同文舘，2000年，5-7ページ。

系であるから，計算それ自体からは経済価値を創出することはできない。

企業会計は，観念的に構築された社会的制度としての側面をもっている。したがって，企業を取り巻く経済的環境の変化に対応するため，計算技法や報告様式を変化させるとともに，この変化に対する社会的合意を取り付けてきた。このような会計のあり方には二つの側面がある。第1に会計を資本運動の反映・写像として捉えるとしても，単なる写像ではなく，会計を映し出す鏡ははじめから特定の歪みが用意されているということである。第2に，観念的統制であるから，会計行為それ自体は何も経済価値を生み出すものではないということである。たとえば，生産過程に投入されている資産の評価を取得原価で行っても，時価で行っても，資産それ自体に何の影響も与えない。この計算技法や報告様式の基底にある会計理論とそれを構成する会計諸概念は，突然変異やパラダイム転換によって発生するのではなく，その生成段階から内包された機能が経済的刺激によって顕在化するだけである。

会計の基本的な機能は企業内の経済資源の管理・統制にある。特に，生産過程の合理的で秩序だった管理と，これに関わる犠牲と成果の測定こそが会計の存立基盤である。企業における諸過程が合理的に遂行されるよう管理するため，会計は統制によって規定された記録と計算を行う。企業会計の歴史を概観すると，会計は管理に直接結びつき，管理のあり方が会計を規定することがわかる。この管理に関する機能が財務会計と管理会計の両者に共通する基本的な機能である。管理と会計の関係を生産諸関係の側面から捉えたものが財務会計であり，この関係を管理の側面から捉えたものが管理会計である。

社会総資本との関係から，この点を補足すれば，会計の測定と報告の究極の目的は，利害関係者に対する会計情報の開示や利益配分のための情報提供にあるのではなく，資本を集中させ，これによって市場を拡大し，さらなる資本蓄積を図ることにある。財務会計は資本集中を促進させるために展開される会計であり，管理会計は，生産過程を通じて行われる資本蓄積の手段のための情報を提供する会計である。

簿記と会計の関係を研究する場合，日本における批判会計学が弁証法を基軸とする会計の論理構築をはかり，複式簿記と会計の関係を資本運動の側面から説明する[5)]ことは説得的であり，特に複式簿記の相対化が図られている点は意義深い。しかし，複式簿記は，資本の運動を把握する際に，企業に投下された資本の全体としての価値が，資本の構成部分の価値に等しいという前提を基礎としている。この前提が実態に対応しているものなのかという検証が必要であろう。

さらに，会計制度を前提とした，企業から要求される機能を発揮するためには，一定の構造を必要とする。会計システムにおけるこれら構造のコアとなる会計諸概念は，新たに創出されることはなく，会計システム内に潜在化した会計諸概念が顕在化することで，社会的な合意を形成しようとする。一定の構造が社会的承認を得て制度化されると，資本主義経済の発展段階に対応した，要求される別の機能を持つかどうかがテストされ，これが可能であれば，新たな機能が強調され，初期の機能に対応する構造の構築過程は無視されることになる。会計理論とそれを構成する会計諸概念は歴史的所産である。したがって，会計史研究に際して現実に存在した諸企業の会計実践過程を追跡し，分析することによって，それらの本質及びその発展法則を総括することが会計史研究の課題となる。

3．原価計算史研究の貧困

上述したように，管理会計が生産過程を通じて行われる資本蓄積の手段のための情報を提供する会計であるとすれば，管理会計はイギリス産業革命期には企業会計の中に存在したことになる。一般的には，イギリス産業革命期の企業では素価計算が中心であって，製造間接費の配賦を含む原価計算は成立していないとされている。

W. Scott は，原価計算は主として 20 世紀の産物であると述べている[6)]。A.

5）たとえば，小栗崇資教授は貨幣資本と機能資本の二重の運動を映し出す計算機構として複式簿記が形成され，株式会社の発展を通じて財務諸表へと独自化していくという論理を展開している（小栗崇資『株式会社会計の基本構造』中央経済社，2014 年，第 1 章参照）。

6）W. Scott, *The Principle of Cost Accounting*, 1947, p.7.

C. Littleton は，原価会計が19世紀の産物であり，原価計算への発展の契機を製造間接費の取り扱いに求め，20世紀に発展を遂げたと述べている[7]。また，R. S. Edwards は，18世紀末から19世紀初頭の事業規模拡大と機械利用の発展に注目し，これが当該時期までに会計が経験することがなかった新たな問題を提起したと考えている。R. S. Edwards の指摘する新たな問題とは，原材料から完成品に至る連続的な生産工程の登場，不況期に転化することのできない固定費の圧迫，自己の労働の管理を他人に委ねる多くの賃労働者などである[8]。しかし，R. S. Edwards の一連の論文は，それ以前の研究者の文献だけに依拠しており，先行文献の整理を行っただけである[9]。D. Solomons を始めとする多くの会計史研究者は，企業経営に対する会計技術の適用の歴史について，これらは19世紀末に始まると述べ，生産過程での意思決定や価格設定目的での原価分析に対して，経営者は，19世紀末に登場する科学的管理法まで，ほとんど興味がなかったと主張している[10]。このような結論は，資料的限界もあり，限られた資料の中で推論し，結論を導き出したものである。たしかに E. Garke and J. M. Fells の著書である1887年に刊行された *Factory Account* まで，原価計算に関する書物は存在しなかったが，この事実が経営者は原価会計に興味を持たなかったということを反映しているという認識は誤りである。

このような A. C. Littleton や D. Solomons などの原価計算史の諸説に対して，W. E. Stone は，19世紀初頭のイギリス綿工業の原価会計を分析して，コスト・センターごとの原価責任や業績比較によって原価統制が行われていたことを報

7）A. C. Littleton, *Accounting Evolution to 1900*, p.320.

8）R. S. Edwards, "Some Note on the Early Literature and Development of Cost Accounting," *Accountant*, 7,14,21,28 Aug., and 4,14, Sept., 1937, p.195.

9）M. C. Wells も「Edwards の一連の論文は，原価計算の歴史を調べる上で，役に立つ出発点ではあるけれども，その発展を促進した理由やその発展に影響を与えた諸要因を理解するにはほとんど用をなさない。彼が説明している方法や考え方を支持する実務上または文献上の裏付けも示していない。それはただ，初期に見いだされるいろいろな考え方を年代順に配列して示したにすぎない」と評価している（M. C. Wells, *Accounting for Common Costs*, 1978, p.42.）。

10）D. Solomons, "The Historical Development of Costing," D. Solomons edited, *Stogies in Costing*, 1953, p.17. S. Pollard, *The Genesis of Modem Management*, 1965, p.244.

告している[11]。また，H. T. Johnson は，19 世紀中期のアメリカ綿工業である Lyman Mills において充分に組織化された原価と財務の会計システムが実践されていたことを実証している[12]。これに対して，J. R. Edwars と E. Newell は，この時期の原価計算の証拠を綿工業において発見できるが，18 世紀から 19 世紀初頭のイギリスにおいては，綿工業とともに金属工業が高水準の生産を達成していた点を強調している[13]。J. R. Edwars と C. Barber は，19 世紀後半に Dawlais 製鉄において，最終製品のトンあたり原価を用いた比較的洗練された会計システムが採用されていたことを明らかにしている[14]。また，E. Newell は，同時期にイギリス South Wales 銅精錬業において，Dawlais 製鉄と同様の原価計算が行われていたと主張している[15]。また，E. Roll は，18 世紀後半における Boulton & Watt 社の Soho 工場の原価標準を含む原価計算が実践されていたことを指摘し[16]，N. Mckendrick は 1770 年代に実践された陶器業者 J. Wedgwood の先進的な原価会計システムを紹介している[17]。これら一連の論文は，A. C. Littleton に代表される旧来の原価計算史研究に対する批判として，発表されたものではあるが，個別企業の原価計算や原価会計の歴史的事実を発生史的に紹介しただけで，原価計算や原価会計が精緻化し，発展を促進した理由やその発展に影響を与えた諸要因を分析しているわけではない。

---

11) W. E. Stone, "An Early English Cost Accounting System, 1810-1889," *Accounting and business Research*, Vol.4, 1973, pp.71-78.

12) H. T. Johnson, "Early Cost Accounting for Internal Management Control: Lyman Mills in the 1850's," *Business History Review*, Vol.XLVI, No.4, pp.471-478.

13) J. R. Edwars and E. Newell, "Development of Industrial Cost and Management Accounting before 1850: A Study of the Evidence," *Business History*, Vol.33, No.1, p.38.

14) J. R. Edwards and C. Barber, "Dowlais Iron Company: Accounting Policies and Procedures for Profit Measurement and Reporting Purposes," *Accounting and Business Research,* Vol.9, 1979, p.147.

15) E. Newell, "Interpreting the Cornish Copper Standard," *Journal of the Trevithich Sodiety*, Vol.13, 1986, pp.41-42.

16) E. Roll, *An Early Experiment in Industrial Organization: Being a History of Firm of Boulton and Watt, 1775-1805,* 1930, pp.244-252.

17) N. Mckendrick, "Josiah Wedgwood and Cost Accounting in the Industrial Revolution," *Economic History Review,* 2nd series, Vol.23, 1970, pp.1-18.

4. 原価計算の管理的機能と管理会計

管理会計の定義として一般的に参照されるのは，アメリカ会計学会の管理会計委員会による 1958 年と 1961 年の報告書における定義である。1958 年の定義では，管理会計とは，経済実体の歴史的および計画的な経済的データを処理するにあたって，経営管理者が合理的な経済目的の経営計画を達成するために知的な意思決定を行うのを援助するため，適切な技術と概念を適用することである。それは，有効な計画設定や代替的な企業活動からの選択，および業績の評価と解釈による統制に必要な方法や概念を含むものである[18]としている。1961 年の報告書もこれを基本的に踏襲するものであるが，管理会計とは，経営管理者が合理的な計画と意思決定を行い，業務活動を規制するために，経済実体の歴史的および計画的な経済的データを処理するにあたって，適切な諸概念と技術を適用することである[19]と定義している。

また，1991 年にアメリカ会計士協会の改組によって設立されたアメリカ管理会計士協会は，管理会計を経営管理者が組織体内部において計画・評価および統制を行い，かつ当該組織体の経営資源を適切に使用し，その会計責任を果たすために使用する財務情報を認識・測定・集計・分析・作成・解釈および伝達する過程であり，株主・債権者・規制機関・および税務当局等の非経営管理者に提供する財務報告書の作成を含むものであると定義している[20]。そして，管理会計を経営管理者が計画・評価・統制・会計責任の遂行の 4 項目の機能を果たすために使用されるとしている。

---

18) The 1958 Committee on Management Accounting of the American Accounting Association, "Report of the Management Accounting Committee," *The Accounting Review*, Vol.34, No.3, 1959, p.210.

19) The 1961 Committee on Management Accounting of the American Accounting Association, "Report of the Management Accounting Committee," *The Accounting Review*, Vol.37, No.3, 1962, p.524.

20) 西沢　脩『IMA の管理会計指針』白桃書房，1953 年，37 ページ。

管理会計を定義する場合，経営管理者に有用となる機能を重要視するか，その構造に着目するかによって管理会計の成立が異なることになる。管理会計を経営管理に有用な機能を持つ会計と定義すれば，経営管理に有用な会計はすべて管理会計となる。たとえば，18世紀のイギリス運河会計に見られるようにルート決定や料金決定のための意思決定目的で行われる見積原価計算は[21)]，この管理会計観からすれば，管理会計であり，この時点ですでに管理会計は成立していたことになる。

また，管理会計を経営管理に有用な構造を持つ会計と定義すれば，簿記や原価計算と異なる一定の構造を持つことが管理会計成立の要件となる。この点に関して，足立浩教授や辻厚生教授は，これを標準原価と予算と捉えている[22)]。しかし，管理会計の本質は，それがもつ社会経済的諸関係の中で要請され，発揮する機能を軸として捉えるべきもので，管理会計が現実の企業の中で，その経営政策決定に対する奉仕者として機能しているのであるから，その機能をもたらす構造が必要であり，現代的な管理会計技法の形式的な完成が管理会計成立の基点となる。

管理会計の成立を1920年代の科学的管理法の影響による標準原価計算と予算統制の確立を基点とするとしても，それ以前に経営管理のための会計あるいは会計による経営管理が存在しなかったわけではない。たとえば，19世紀の鉄道では，管理活動の組織化が進み，管理会計独自の構造をもつまでには至らないとしても，会計は管理のために役立っていたことは明らかである。19世紀の鉄道は圧倒的な資本と企業規模を有し，近代的な経営管理組織の構築が同時期の他の産業に比べ遙かに進んでいた。雇用者数は数万人に達し，地域的にも拡大した鉄道では，経営管理に関する意思決定の量と複雑性は増大し，さらにこれら意思決定の継続性と迅速性が要求された。さらに重要なことは，鉄道は19世紀における最も資本の有機的構成が高度化した産業であったことであ

21）村田直樹『近代イギリス会計史研究』晃洋書房，1998年，195-203ページ。
22）足立　浩『アメリカ管理原価会計史』晃洋書房，1996年，19-20ページ。
　　辻　厚生『管理会計の基礎理論』中央経済社，1985年，1-2ページ。

る。投下資本の維持あるいは固定資産の価値回収さらに利益の配分をめぐる対立と調整が，会計における管理機能や財務機能を高めていった。これら鉄道が抱えていた経営に対する課題は，一般にいわれるような成行管理で解決できるものではない。当時の鉄道では，材料・労務・その他の製造間接費を通じて，労働階級への監視と収奪を目的とする，いわゆる原価計算の管理的機能という概念では包摂できない計画や統制活動あるいは意思決定や業績評価活動と密接に結合した原価管理が展開されていた。イギリスにおける運河や鉄道の原価計算実務を分析すると，管理会計分野である意思決定過程に対する見積原価計算の重要性が浮き彫りとなり，原価計算と管理会計の境界線が不鮮明で，従来，原価計算の管理的機能と表現されていた管理会計成立以前の管理会計的側面が，この言葉では包摂しきれない内容と形式をもつことが明らかとなる。この点に関して足立浩教授は，19 世紀アメリカに実在した諸企業の管理会計実践を管理原価会計（managerial cost accounting）として捉え，その発展過程を分析している[23)]。また，中根敏晴教授は，標準原価計算確立に至る過程において，それぞれの実践・議論されてきた原価計算の一定の管理機能を意識し，これを管理原価会計と規定している[24)]。しかし運河・鉄道会計では，原価計算の管理的機能に重点が置かれ，原価管理会計（cost and management accounting）が展開されていた。

原価計算の管理的機能が資本主義経済の発展にともない限界をむかえ，会計による経営管理が管理会計として企業内部に構築されると，企業会計は財務会計と管理会計に分化し，互いに対立し，協調しながら，独自の発展を遂げることになる。財務会計が擬制資本の計算を重視し，報告機能を肥大化していくなか，管理会計は，生産を軸とした機能資本の計算を精緻化し，資本主義的合理性を追求し，企業内での管理活動に寄与している。

23）足立　浩『アメリカ管理原価会計史』晃洋書房，1996 年，3-4 ページ。
24）中根敏晴『管理原価会計の史的研究』同文舘，1996 年，3-6 ページ。

5．会計理論と実証研究

会計学に対する近年の研究は，直接的な観察や経験によって得られる経験的証拠を質的かつ量的に分析する実証研究を中心に展開されている。実証研究の有用性については，多くの論者の議論の中で明確になっている。たとえば株価と会計の関連性などの問題を考える場合には，実証研究の方法論は，十分に機能していると考えられる。実証研究の根底には，事物の本質は不可知であり，理論は特定の現象のもとでの相関性や秩序性を説明するにすぎないという論理が存在している。これに対して，小栗崇資教授は，社会科学たる会計学の理論の分析対象は実体的であり，その実体を成立させる存在根拠としての本質や構造があるとして[25]，歴史的事実によって検証された理論を基軸とした事物の存在を構造的に捉えようとしている。

会計学における実証研究が，基本的に経験主義に基づくものであるとすれば，会計基準の整合性や体系性の研究の基礎には，その対比としての合理主義に基づく研究がある。合理主義における真の知識は，理性を用いることによって獲得されるが，経験主義における真の知識は経験を通してのみ獲得されることになる。この背景には，観念論と実在論の基本的な対立がある。したがって，実証会計学は本質あるいは観念的な主体といった問題はその範疇になく，会計とは何かという議論に対して答えるものではない。

会計理論およびそれを構成する会計諸概念が歴史的所産であるとする立場からすれば，実証研究によって実証もしくは反証された仮説が，データの収集された期間については妥当性を持つとしても，期間を超えた普遍的な論理として証明されたかは，必ずしも明確ではない。目に見えるものだけが真実であるとするならば，およそ学問は必要がない。

さらに，会計学における実証研究は，モデルの独立変数が影響する状況を，一定の幅の中で確率的に測定可能であるという前提に立っている。とすれば，

25）小栗崇資『株式会社会計の構造』中央経済社，2014年，5ページ。

一定期間のデータ収集によって得られるものを同一の確率モデルで扱うためには，試行の連続性を可能にする条件が，データを生み出す対象の全期間にわたって存在するという，いわゆる原子論的仮説が存在しなければならない。したがって，実証研究が対象とする経済社会がこの原子論的仮説を満たしているかどうかの検証が重要となる。

必ずしも，会計学における実証研究だけの問題ではないが，社会的な制度と会計の問題を考える場合，会計で摘出される問題点が，社会的な制度のゆがみを会計が反映して問題となるのか，会計それ自体の論理と制度の間に問題があるのかを検証することが重要な時期にきている。たとえば年金会計を研究する場合，年金制度そのものに問題があるのか，それとも年金関連の会計処理と制度間の問題なのかが明確にされる必要がある。

Ⅱ　近代会計理論形成

1．True and Fair View と真実性の原則

True and Fair View は，企業会計における「真実性の原則」の礎となった概念であり，近代会計理論の形成とその現代会計理論の展開過程で，制度形成に関わって重要な概念として，位置づけられてきた。真実性という概念は，すでに18世紀末のイギリスにおける運河会社の個別法の会計規定の中に現れる。たとえば，1780年代に認可された地方の運河会社の個別法では，「真実な利益」（clear profit）を計算するために，運河建設のためのすべての支出と債務及び運行の諸費用に関わる現金支出について，真実で詳細な記録をつけることが定められている。さらに，この「真実な利益」は，出資金の8%を超えてはならないと規定されている[26]。これは，運河マニア期（1791-1795）の運河への投機を抑制するため，議会の個別法において各運河会社に対して，配当率

26）Glamorganshire Canal, 30 Geo. Ⅲ. C. 82.
27）Liverpool and Manchester Railway, 10 Geo. Ⅳ. Sess, 1829.

の制限を行うことを意識したものである。このような個別法の中の会計規定は，鉄道会社の個別法にも受け継がれている。たとえば，1825年に認可されたLiverpool and Manchester鉄道の個別法には，書記（clerk）あるいはトレジャラー（treasurer）によって，時系列的に帳簿が記録，保存され，受取，支払，留保，消費したすべての現金合計額を「真実かつ正しい諸勘定」（true and regular accounts）に記入すべきであると規定されている。さらに，書記あるいはトレジャラーは株主総会で任命され，株主に対して説明責任を負っていたので，株主総会で，「真実かつ完全な会計」（true and perfect account）の開示を要求された[27]。また，1833年のLondon and Birmingham鉄道の個別法には，定められた期間中の全収入金額と，設立や維持および輸送などに必要な諸支出を「真実で正確な諸勘定」（true and correct accounts）に記録しなければならないと規定されている[28]。

1836年からの鉄道マニアは，1837年からのアメリカの銀行恐慌の影響を受けて収斂し，この間に明らかとなった鉄道会社の重役たちの不正行為や放漫経営によって，投資家は多大な被害を受けることとなった[29]。この実態を調査する目的で，1843年に下院でGladstone委員会が設立され，この委員会によって1844年に出された報告書[30]をベースとして，鉄道会社に対する一般規制法である1844年鉄道規制法（Regulation of Railway Act, 1844）が制定された。当該規制法は，鉄道会社に対して10%の配当制限を設け，これを超過する配当を行った鉄道会社に対して，政府が運賃の改定もしくは当該鉄道会社を買収する権利が規定されていた[31]。この資料として，2人以上の取締役の監査を受けた収支計算書と貸借対照表を政府に提出しなければならないと規定されていた。これら財務諸表のもととなる現金の収支について，「完全で真実な諸勘定」（full

---

28）London and Birmingham Railway, 6th May 1833, CXLV, Ⅲ.

29）村田直樹「株式会社における財務報告の源流」千葉準一・中野常男『会計と会計学の歴史』（体系現代会計学第8巻）中央経済社，2012年，164ページ。

30）H. Pollins, "Aspects of Railway Accounting Before 1868," *Studies in the History of Accounting*, edited by M. C. Reed, 1956, pp.337-338.

31）W. C. Glen, *Selford's Law of Railways*, Vol.1, 1869, pp.46-47.

and true accounts）が要求されている。このような財務諸表の報告とその監査は，以後のイギリス会計の制度的な特徴となった[32]。True and Fair Viewは会計制度の統一化が図られた1868年鉄道規制法（Railway Company Act, 1868）にも継承されている。当該鉄道法は，1866年から1867年にかけての信用恐慌において，鉄道会社の資本調達に積極的に関与した銀行が大打撃を受け，これを保護するために鉄道会社の会計の統一化が図られた法律である[33]。さらにこのTrue and Fair Viewは，一般企業に関連する会社法においても，規定されている。1844年に制定されたイギリス最初の会社法（Joint Stock Companies Act, 1844）では，「完全で真実な貸借対照表」（full and fair balance sheet）の作成が要求されている[34]。1845年会社条項統合法（Companies Clauses Consolidation Act, 1845）では，その第115条に「営業上の現金収入および現金支出は，完全かつ真実な会計記録（full and true accounts）を作成すべきこと」と規定している[35]。

1862年会社法（Joint Stock Companies Act, 1862）でも，「完全で真実な財務諸表」（full and fair statements）を作成すべきであると規定されている[36]。このようなTrue and Fair Viewに関する規程は，1929年イギリス会社法（Companies Act, 1929）の財務諸表が会社内容の「真実で正確な概観」（true and correct view）を伝えなければならないとする規定に継承され，その後の1948年会社法（Companies Act, 1948）では，「真実かつ公正な概観」（true and fair view）という用語が用いられている[37]。

32）村田直樹『鉄道会計発達史論』日本経済評論社，2001年，127ページ。

33）Editor, "The Financial History of the Year 1866-Railway-Banks-Money Market", *Bankers Magazine*, No.21, May, 1867, pp.826-840.

34）R. J. Chambers and P. W. Wolniger, "A True and Fair View of Position and Results: the Historical Background", Accounting Business and Financial History, Vol.1, No.2, 1991, p.123.

35）村田直樹「株式会社における財務報告の源流」千葉準一・中野常男『会計と会計学の歴史』（体系現代会計学第8巻）中央経済社，2012年，178ページ。

36）J. R. Edwards, *A History of Financial Accounting*, 1989, p.192.

37）中村萬次『米国鉄道会計史研究』同文舘，1994年，6ページ。

上述した諸規定に共通するのは，真実や公正に関する具体的な説明はなく，定義されているわけでもないことである。1880 年代の鉄道会社の年次報告書の中の監査報告書（Auditors' Report）には，「完全で真実な財務諸表」（full and true statements）や「真実な財政状態」（true financial condition）といった記述が散見されるが，監査の基準としての完全あるいは真実についての説明はなく[38)]，その判断は，鉄道経営者に委ねられていると解釈すべきである。

True and Fair View の制度的な歴史を概観すると，その概念は一様ではなく，定義が困難で[39)]，True and Fair View は，理想でも基準でもなく，歴史的所産であることが分かる[40)]。近代会計の生成から現代会計に至る歴史の中で，会計制度の中心的な概念として，重要な役割を果たしてきた True and Fair View のこのようなあり方が，簿記から会計に至る過程の中で，大きな意味を持つことになる。すなわち，本来，機能資本の計算を主旨として形成された簿記・会計が，産業資本主義から金融資本主義に転換していく過程で，擬制資本の計算を取り込み，これを中心とした会計システムを形成する概念的支柱となったことである。この転換期は，イギリスの場合，少なくとも 1840 年代以前にあり，1844 年の会社法を重視する見解もあるが[41)]，実務との関係を考えれば，第二次鉄道マニア（1845-1847）における金融資本を中心とする鉄道会社の財務構造の変化とマニア後の金融恐慌を契機として制定された，1868 年鉄道規制法の歴史的意義は大きいと考えられる。

38）Great Western Railway Company, *Auditor's Report by E. Harper and J. G. Child, J. W. Bowen*, 27th February, 1868.

39）D. Flint, *A True and Fair View in Company Accounts*, ICAS, 1982, pp.486-490.

40）J. G. Chastney, *True and Fair View*, 1975, p.91.

41）S. McCartney and A. J. Arnold, "Financial capitalism in corporation and the emergence of financial reporting information", *Accounting Auditing and Accountability Journal*, Vol.25, No.8, 2012, pp.1303-1306.

2．発生主義

1845 年からの鉄道マニアとそれに続く 1847 年の恐慌を契機として，イギリスの鉄道会社は株主信用の回復を意図して，株主の要求に応える形で，公表する財務諸表をより詳細にし，量的な拡大を図った。具体的には，資本勘定，収益勘定，一般貸借対照表を公開する鉄道会社が増え，すでにこれらを公開している鉄道会社でも，その明細表を添付する会社が増大した。しかし，開示する財務諸表作成の基礎となる現金主義あるいは発生主義の問題は，一般に説明されるように 1845 年からの鉄道マニアを通して，鉄道会計が現金主義会計から発生主義会計に一気に移行したわけではない。配当利益算定と財産の保全計算を重要な使命とする初期の鉄道会計では，現金による料金収入と保全のための支出を中心に会計システムが構築されており，配当源泉の資金的裏付けが明確な現金主義会計が用いられていた。したがって，初期の鉄道会社が，現金主義会計から発生主義会計への転換をできなかったのは，現金主義では計上する必要のない減価償却費や繰延費用項目を計上することで，配当の原資を失うことをおそれたからである。

さらに，巨額の資本投資を必要とする鉄道会社は，広く一般大衆からの投資を必要とした。したがって，鉄道会社における株主層は分化した。すなわち，配当額よりも資本の永久価値に関心を持つ永久的投資的株主と，永久的価値には関心がなく現在の配当額に注目する一時的投機的株主である。前者は取締役会に対して，その意向を反映させ企業の安定を願っており，後者は高配当とそれにともなうプレミアムを目的としている。特に後者の重要性は，鉄道会社を取り巻く経済環境の変化にしたがって変化したため，鉄道会社は両者の利害の調整を行わなければならなかった。したがって，鉄道会社には柔軟な配当政策が要求され，その基礎となる配当可能利益計算は多様で柔軟なものでなければならなかった。これが，現金主義から発生主義への転換が，即時的ではなく徐々にかつ柔軟に行われた理由の一つである。

株式会社である鉄道会社は，定期的な配当のため，会計期間を区切って期間損益計算を行い，配当可能利益を算定していた。初期の鉄道会社における適正な期間損益とは，株主間の公平性を基盤としている。しかし，分化した株主層のバランスは鉄道会社を取り巻く経済環境によって変化したため，機能資本家の意を受けた取締役は柔軟な財務政策を実行しなければならなかった。したがって，現金収支で記録された帳簿を決算時に修正する発生主義会計への転換を図ろうとしたのである。このような思考は現代の会計にも受け継がれ，企業会計原則の損益計算書原則一のA「すべての費用及び収益は，その支出及び収入に基づいて計上し，その発生した期間に割り当てられるように処理なければならない」にその影響をみることができる。

アメリカにおいては，20世紀初頭に産業資本が確立し，資本主義が独占段階に入ると，資本主義の危機を反映する会計理論が導入され，単純な取引記録の簿記理論から，株式会社特有の会計理論への展開がなされる。ここで検証したイギリスの場合は，産業資本主義から金融資本主義への移行がアメリカよりも早い時期にあり，機能資本の計算を本旨とする会計から擬制資本の計算を本旨とする会計への移行が必要であり，その流れの中で，現金主義会計から発生主義会計への移行を捉えるべきである。簿記はもともと機能資本の管理・統制を勘定を通じて観念的に行う計算体系である。株式会社会計において機能資本の計算の中に擬制資本の計算が混入されてくると，機能資本の運動の個別的把握よりも，擬制化された資本すなわち持分権の測定が優先し，さらなる計画された擬制資本の拡大をもたらすことになる。

また，現代の会計は記録・測定・報告の機能のうち報告機能が肥大化し，測定に影響を与えるようになってきた。さらに，鉄道会計の歴史を概観すると，同様の現象が散見される。これは株式会社会計のもつ基本的な性格として捉えることも可能であると思われる。その基底には，初期の株式会社会計である鉄道会計は，その当初から擬制資本の計算を本旨としている点にある[42]。

42）村田直樹「現金主義と発生主義の会計史」『経済集志』第86巻第2・3号，2016年，54ページ。

3. 保守主義

保守主義は，近代会計理論および現代会計理論にとって，最も重要な概念の一つである。日本の企業会計原則では，その一般原則の中で保守主義を「企業の財政に不利な影響を及ぼす可能性がある場合には，これに備えて適当に健全な会計処理をしなければならない」と規定している。会計理論である保守主義は歴史的所産であるから，保守主義の会計実務への適用は，企業を取り巻く経済環境が急激に変化したときに，採用され，確立し，継続される。

したがって，保守主義は，会計の歴史をトレースすると会計理論の精緻化に対して，保守主義自身の内容を変容させながら広く対応してきたことがわかる。会計における保守主義の歴史は古く，14世紀の地中海貿易の会計記録の中に，その存在を見いだすことができるという研究もある[43]。保守主義はイギリスの会計制度を特徴づける重要な要素であった。18世紀のイギリス製鉄業において，賃金や材料費の上昇に備えた準備金が設定され，利益から控除されていた[44]。19世紀には，一般企業において棚卸資産の評価に低価基準が採用され[45]，イギリスの鉄道会社では，配当源泉としての現金利益を確保するため，偶発事故に対する準備金が設定されていた[46]。

また，アメリカ鉄道会社における保守主義適用の事例は，Baltimore and Ohio鉄道における減価償却政策[47]やPennsylvania鉄道における財務政策，具体的には支線の支配のための投資証券の購入や事故に備えての偶発準備金の設定など[48]があげられる。このように，イギリスとアメリカの鉄道会社では，産業

---

43) G. B. Waymire and B. Sidipta, "Accounting is an Evolved Economic Institution", *Foundation and Trends in Accounting*, Vol.2, No.1-2, 2008, pp.15-16.
44) R. H. Campbell, *Carron Company,* 1961, p.24.
45) J. R. Edwards, *A History of Financial Accounting,* 1989, p.110.
46) London and North Western Railway Company, *Report of the Casualty Fund and Benefit Society to the Board,* 11st October, 1856.
47) *Annual Report of the Boltimore and Ohio Railway Company of 1833,* p.29.
48) 中村萬次『米国鉄道会計史研究』同文舘，1994年，7ページ。

資本の生成と発展の時期に対応した近代会計の精緻化の過程で，保守主義は将来の景気変動や物理的な事故に備えた引当金や準備金の設定，利益の平準化を志向する経営者と株主の調整などの論理的支柱として機能してきた。しかし，資本主義が金融資本主義に発展すると，会計は擬制資本の計算を本旨とするようになり，持分との関係から，資産評価の問題に対する枠組み，特に時価に関する会計問題の論理的支柱として機能したといえる。現代会計に対する保守主義適用の入り口となったのは，棚卸資産の評価基準の問題であった。

会計における棚卸資産の評価に低価基準を採用する実務は古く，中世のベンチャー取引に成立基盤があるとされている[49)]。棚卸資産の評価基準である低価法が制度化されたのは，1938年のアメリカ歳入法である。低価法が制度化される過程で，株主総会などでその科学性が批判されると，G. O. Mayに代表される会計士たちは，継続性の意義に触れ，低価法制度化を推進した[50)]。この制度化の重要な意義は，取得原価を基準とする期間損益計算の中に時価が持ち込まれたことである。そしてその理由として保守主義が基盤となったことである。

次に，現代会計理論では，資産をキャッシュの獲得に貢献する便益の源泉として捉えているため，資産の収益性が問題となる。そこで，収益性の低下した固定資産に対して，その実質的な価値や回収可能額を財務諸表に反映させるために帳簿価額を減額するという，保守主義を論拠とした減損処理が行われる。しかし，このプロセスは，取得原価主義の期間損益計算に時価を持ち込もうとするもので，低価法の場合は棚卸資産の評価であったが，減損処理の場合は，固定資産に対してである。その論拠として保守主義が用いられたことが両者の同質性を示している。

産業資本主義の時代では，保守主義は運河会社や鉄道会社で見られたように，将来に備えて引当金や準備金を設定する会計処理が象徴的であったが，資本主

---

49) S. Gilman, *Accounting Concept of Profit*, 1939, p.436.
50) G. O. May, *Financial Accounting a Distillation of Experience*, 1943, 木村重義訳『財務会計』ダイヤモンド社，1957年，53-54ページ。

義の進化とともに，保守主義と会計理論の関係が変容し，資産評価に対する時価主義を基本として，株式資本の市場価値とその写像である株価との関連が重視される現代会計理論が生成することになったのである。

4．減価償却会計

減価償却の認識は，近代会計理論生成の重要な前提条件である。減価償却の認識について，産業革命期のイギリスやアメリカの綿工業において，その工場主や経営者は，減価償却を十分認識していたが，財務報告の要求がなかったため記録には残らなかったという見解もある[51]。同期の運河会社においては，原価会計の中で，原価構成要素としての減価償却計算の記録が残っている。たとえば，1764年のForth and Clyde運河の土木技師の報告書には，通行料の算定にあたって，加算しなければいけない経費として，水門の減価と修繕費の計算が行われている。新しい水門は数年後には漸次老朽化していくため，20年後の更新を見越して，1水門につき60ポンドが計上されている[52]。また，1802年のGrand Junction運河の技師報告書には，輸送原価の見積計算の中に水門管理人の費用を含む運河の減価償却費（tear and wear of canal），さらに馬車鉄道の貨車および路線の減価償却費（expense of tear and wear of road and wagons）が計算されている[53]。

運河会社では，投下した資本の維持とその価値回収を意図して，原価構成要素としての減価償却を見積もる必要があった。同様に，初期の鉄道会社の経営者や土木技師たちは，原価構成要素としての減価償却を認識し，鉄道設備が

---

51) R. K. Fleischman and T. N. Tyson, "Cost Accounting during the Industrial Revolution the Present State of Historical Knowledge," *The Economic Review* Vol. XLVI, No. 32, 1993, p.512.

52) P. Mason, "Illustration of the Early Treatment of Depreciation," *The Accounting Review*, September, 1933, p.210.

53) J. Rennie, *A Report on the Comparative Advantage of Canal on Iron Railway Proposed to be made between London Docks and Grand Junction Canal at Paddington*, 1802, pp. 6-7.

時の経過や使用によって，その価値が減価し，原初原価（original cost）と時価が異なることを理解していた[54)]。1829年Liverpool and Manchester鉄道のWalker報告にも，蒸気機関車の平均耐用年数を20年として，その購入価格から残存価値の収入を現在価値で割引き，その差額を輸送原価の要素として，均等配賦している[55)]。また，1849年Stockton and Darlington鉄道の取締役会に提出された報告書「車両の減価償却に関する報告書」(Report on Depreciation of Rolling Stock）では，土木技師であるT. E. Harrisonが新規購入の蒸気機関車の平均走行距離を95,000マイルと見積り，1年分の減価償却費を620ポンドと計算している[56)]。株式会社形態をとった鉄道会社では，財務報告の要求もあり，鉄道会社の財務と管理に主要な関心を持つ鉄道経営者は，鉄道会社の経営政策の一環として減価償却の問題を取り扱った。19世紀の鉄道会社における報告実務の最も重要な点は，収益力が経済状況の変化に影響を受けたにもかかわらず，経営者たちは，株主の要求が安定した配当にあると信じていた。したがって，鉄道会社の経営者たちは計画された配当水準を十分補うような利益を常に報告しなければならないと考えていた。当時の中心的な鉄道投資雑誌である*Herapath's Railway Magazine and Journal*の発行者であるJ. Herapathは，鉄道会社における減価償却の会計処理が配当と更新の戦略として利用されていることを指摘している。彼が減価償却を配当と更新の戦略と位置づけるのは，鉄道会社における株主層の分化とその対立，さらに車両等の技術革新の問題が存在するからである。巨額の資本投資を必要とする鉄道会社は，機能資本家と無機能資本家の分化を生み，両者への対応を可能にする柔軟な財務政策や配当政策が必要であり，これが鉄道会社における減価償却の財務会計的処理の多様性を生み出す基盤となった。さらに，鉄道における急速な技術革新は，物理的減価

54）村田直樹『鉄道会計発達史論』日本経済評論社，2001年，153ページ。

55）J. Walker, *Liverpool and Manchester Railway: Report to the Director on the Comparative Merits of Loco-motive and Fixed Engines, As a Moving Power,* 1929, p29.　この報告書はLondon版であるが，同年のLiverpool版では，J. WalkerとJ. U. Rastrictの共著，同年のBirmingham版では，J. U. Rastrictの単著となっている。

56）T. E. Harrison, *Report on Depreciation of Rolling Stock*, 1848, pp. 3-4.

よりも経済的減価を強く認識させ，この陳腐化に対する財務的な対応が重要な課題となっていった。たとえば，London and Birmingham鉄道の1841年の株主総会において，減価償却準備金を計上するにあたって同社の社長は，この会計処理を行う理由の一つとして，車両に対して避けられない減価に備えるという目的をあげ，陳腐化に対する準備として当該準備金の設定を説明している[57)]。

車輛，レールあるいは枕木等の鉄道施設の維持・保全に責任を負ったのは，鉄道会社の技師たちであった。初期の鉄道における蒸気機関車などの鉄道設備は，構造が簡単で，その構成部品ごとの耐用年数が測定できたため，構成部品の取替時に費用化する取替法によって，維持・保全が可能であると考える鉄道会社もあった。取替法は，原初資本投資がその取替期間まで，費用化されないため，最も資本を必要とする事業開始の初期に報告利益を相対的に多額にすることができ，鉄道会社に対する投資が魅力的であることを印象づけるため，配当政策を意図する鉄道経営者にとっては，選択しやすい方法であった。

国内の資金不足から多くの資金をイギリスに求めた，アメリカ鉄道においても，同様の理由から，多くの鉄道会社は廃棄法もしくは取替法を採用した。アメリカでは，1906年の州際商業法で取替法が採用されるまで，多くの鉄道会社において更新費と旧設備価額の差額を資本化する廃棄法が採用されていた。廃棄法は，取替法に比べ運賃算定の基礎となる資産総額が過大に表示され，減耗した設備をそのまま使用しながら利益を過大に報告することが可能であったためである[58)]。

減価償却の本来的な会計的意味は，有形固定資産の価値の減少を測定して，これを帳簿から償却することである。しかし，近代会計理論の生成期には，この意味を失い，更新を意識した回収計算と配当可能利益算定のための政策として利用されている。この考え方は，現代会計理論における発生主義を基礎とした期間利益計算を支える費用配分説に継承されていくことになるが，その基底

57) London and Birmingham Railway Company, *Extract Report of the Proceeding of the General Meeting, 13th August,* 1841, p.1.
58) 中村萬次『英米鉄道会計史研究』同文舘，1991年，239ページ。

には，産業資本主義から金融資本主義への移行がある。

5．過大資本化と無形資産

過大資本化という経済現象は，会計上では，機能資本である建設勘定の水増しによる資産の過大表示であり，擬制資本の過大証券化はその写像に過ぎない。この過大資本化に対する論議を通じてアメリカ近代会計は，整序されていった。したがって，過大資本化が顕在化し，その典型的な例としてアメリカ経済史家があげる大陸横断鉄道の建設期を分析する必要がある。アメリカ大陸横断鉄道建設において，鉄道プロモーターは建設会社を組織し，過大な価格で建設契約を結んでいった。建設会社はある部分の建設のために必要な資金を調達して建設を開始し，その部分が完成すると鉄道会社から株式や社債を受取り，その販売あるいは担保金融によって得た資金で，次の部分の建設を手配し，これを繰り返すことで建設を完成させていった。完成後，この建設会社は解散するが，その利益は建設会社から受け取った会社証券と実際建設費用との差額ということになる。鉄道建設の実際原価と株式や社債の発行は無関係で，建設費用を超過する株式や社債の発行が可能な限り行われた。たとえば，1870 年に議会に報告された下院議員 J. M. Wilson による Union Pacific 鉄道の建設に関する報告書では，建設原価を超過した証券の合計額を 4,430 万 4,513 ドルと見積もっている[59)]。過大資本化は，有形固定資産と資本金および固定負債の問題である。つまり，名目的な擬制資本が機能資本の価値を上回ることである[60)]。その意味では株式の水増しとは異なるもので，過大証券化とも言うべきものである。このような過大資本化は独占的な利潤を想定している。アメリカ鉄道建設における資本集中過程では一般化していた。さらに，過大資本化を引き起こす財務的原

59）*House Report, No. 78, 42Cong. 3rd sess, The Select Committee of House on Affairs of Union Pacific Railroad, Hon T. M. Wilson chairman, Report and Testimony,* appendix.

60）中村萬次『英米鉄道会計史研究』同文舘，1991 年，231 ページ。

因は，合併や有形固定資産の更新時など多様であるが，会計的には資産の過大表示をもたらすことになる。

当時のアメリカ鉄道会社における過大資本化の会計処理は，三つの方法が採用されていた。第1は，鉄道の建設費用に充当するために発行した証券の額面総額を，割引発行された場合でも，等価交換が成立したと考えて，建設勘定にそのまま借記する方法である。第2は証券の割引額を明示するために，建設勘定と証券の額面総額の対照勘定で証券割引勘定に分離して表示する方法である。第3は，アメリカの鉄道会社が多く採用した方法で，証券の割引額をのれんやフランチャイズといった無形資産として表示する方法である。ここでののれん等の無形資産は，いわゆる超過収益力を示す収益性資産ではなく，その実態は水増資本である[61)]。

先のUnion Pacific鉄道は，水増資産の水抜きに成功した数少ない例である。開業後は資源の豊富な西部への開拓者の流入と貨物輸送量の増大による高収益，さらにKansas Pacific鉄道，Denver Pacific鉄道との合併によって得られた超過利潤によって，合併前の各鉄道会社の擬制資本を機能資本化し，過大資本化は解消されていった[62)]。その後アメリカ鉄道は，1893年の金融恐慌を通じて，金融資本による鉄道会社の再編成がなされ，現代会計理論に大きな影響を与えた，いわゆる再編成会計が生成する。ここで問題となったのは，旧証券の所有者に対する新証券との交換差額の処理である。過大となった擬制資本と機能資本の差額をどのように会計処理するかの議論が，現代会計理論の起点となったのである。

6．のれん

過大資本化は,会計上は機能資本を構成する資産の過大表示として発現する。アメリカ鉄道会社の銀行資本を中心とする再編成過程で批判の対象となったの

61）村田直樹「過大資本化の会計」『調査と研究』第27巻第1号,1996年,83-85ページ。
62）中村萬次『米国鉄道会計史研究』同文舘，1994年，139ページ。

は，この資産の過大表示である。1893年の恐慌によって拡張を続けていた鉄道会社が債務不履行等で数多く倒産し，その後，財務的再編と合同による独占の形成期に，*Accountant* 誌などでのれんに関する論議が活発に行われている。特徴的なことは，多くの論者がのれんやフランチャイズなどの無形固定資産計上を是認し，その本質を T. B. Veblen や J. R. Commons などの制度学派の経済学者の，無形資産に対するフレームワークを基礎とした，のれんに対する定義を主張している点である。すなわち，のれんの本質を超過収益力とするものである。

過大資本化という現象は再編成会計や企業合同の時期にも引き継がれている。たとえば，株価が50ドルである株式を持つ弱小企業が株価150ドルの会社に買収される場合，買収企業は，被買収企業の50ドルの株式と自社の発行する新株を1対1で交換した。このような実務は20世紀初頭の企業合同によって，巨大株式会社が形成された時期には，広く用いられた方法である。この証券の交換によって行われる企業合同では，合同企業の資本化総額をはるかに上回る会社証券が合同によって設立される新企業によって発行されたのである。この際に，株式等の追加発行を正当化する根拠として，のれんを介した超過収益力の資本化という論理が用いられたのである。

収益力の資本還元額を過大資本化の基準として，その収益力の過大評価が行われ，過大な資本が設定されることによって，これによる利点，たとえば強力な独占力を持っているという印象を与え，証券の販売を容易にし，大量のボーナス株を発行できるようになると考えられていた[63)]。つまり，超過収益力として認識されるのれんの勘定は，重要な意味を持っていたといえる。

アメリカにおける19世紀末から20世紀初頭の第1次合併運動，1920年代の合併運動において，のれんに関する会計問題が惹起した[64)]。企業を買収する際に，その買収価額が被買収企業の純資産価額を超える場合に発生する差額

63）佐合紘一「エクイティファイナンスと過大資本化－過大資本の歴史と現代－」『大阪市立大学証券研究年報』第5号，1990年，6ページ。
64）清水泰洋『アメリカの暖簾会計』中央経済社，2003年，49-50ページ。

をのれんとして計上するという実務が一般化していくことになる。この時ののれんの資産計上の論理として，過大資本化によるのれんの論理，すなわちその本質を超過収益力あるいは，超過収益力の資本化価値を意味するという考え方が用いられた。

過大資本化によるのれんと企業結合によるのれんは，経済的な基盤を異にする事象から発生するものである。しかし，両者に共通するのは，擬制資本を介してのれんが発生することである。現金による企業買収によってものれんは発生することがあるが，その中心は証券による買収である。貸借対照表の貸方にある擬制資本の価値を担保するのは，基本的には，貸借対照表の借方にある実体資本である資産である。したがってのれんが超過収益力だと仮定すると当該企業の超過収益力の測定額と，純資産額と支払額の差額が一致しなければならない。しかし，現実にはその保証はなく，超過収益力だけでのれんを説明するのは困難である。

企業結合の範囲も規模も拡大した現代では，のれんは，被取得企業または取得した事業の取得原価が，取得した資産及び負債に配分された純額を超過する額と説明される。この説明は，のれんを定義しているわけではなく，のれんの本質を明らかにするものでもない。I. Griffiths は，のれんの本質は複式簿記の原則である貸借一致のために工夫された人工的なディバイスであると述べている[65]。しかし，貸方と借方を一致させるために現実が影響を受けることはなく，この定義は，のれん勘定の会計的意義やのれんの社会経済的機能を無視している。たとえのれんが簿記上の人工的なディバイスだとしても，のれんが企業の中でどのような機能を担っているのか，さらに企業がのれんの経済的実在性を常に追い求めてきたのは何故かという問題が重要である。

ブランドはのれんと同様に無形資産として認識されている。一般に，ブランドとのれんの関係は，のれんのうち識別可能なものをブランドとすると解されている。したがってブランドは，のれん同様，買入ブランドと自己創設ブラン

---

65) I. Griffiths, *New Creative Accounting*, 1995, pp.161-162.

ドがあると考えられている。ブランドを無形固定資産に計上する実務は，1980年代のイギリスにおいて，活発化したとされている。その背景には，企業買収における対価としての証券と被買収会社の資産価値の問題がある。

よく知られた例では，1988年のGoodman Fielder Wattie社が仕掛けた，食品メーカーのRank Hovis McDougall社への買収がある。この買収は，イギリスの独占・合併委員会の介入によって成立しなかったが，Rank Hovis McDougall社は買収に対する防衛のために1988年の財務諸表から，買入ブランドと自己創設ブランドのすべて6億7,800万ポンドを資産計上している[66)]。つまり，被買収会社にとっては，自社のブランドを資産計上することで，貸借対照表を強化し，買収に対する防衛を意図したのである。また，別の側面からブランドを資産計上した例として，Cadbury Schwepper社のブランド会計がある。食品メーカーである同社は，数多くの有名な製品ブランドを保有していたが，これらを資産として計上していなかった。そこで，このブランドを目的とした企業買収を受けることを懸念して同社は，1985年に取得したブランド約3億ポンドを原価で資産計上した[67)]。

また，イギリスのブランド会計を考える場合，のれんの償却との関係を無視することはできない。1984年のSSAP22号では，買入のれんは，積立金と相殺して，即時に償却することを原則とし，それ以外に一定の有効耐用年数にしたがって償却し，その償却費を将来の利益にチャージすることも認めていた。しかし，当時のイギリスでは，企業買収の対価に示すのれんの割合が高く，SSAP22号の原則を適用すると，積立金では相殺しきれず，資本の部がマイナスとなる場合も出てくることになる。そこで，企業は，のれんの大部分をブランドという名称に変更して，のれんの会計基準の適用をまぬがれ，償却が不要であるという主張をした。たとえば，Johnnie WalkerやSminoffなどのブランドを持つ酒造メーカーであるDiago社は，2002年の中間決算で，無形資

66) Report & Account, "The Basis of Brand Valuation (Rank Hovis McDougall)," *Accountancy*, March, 1989, p.32.
67) T. Smith, *Accounting for Growth*, 2nd ed., 1998, p.92.

産54億6,400万ポンドをブランド53億700万ポンド，のれん1億700万ポンド，その他の無形固定資産5,000万ポンドに分けて表示し，ブランドは償却せず，のれんについては1,800万ポンドの償却を行っている[68]。

のれんに関する会計の歴史を概観すると，いくつかの重要な視点が明らかとなる。

第一に，のれんには，明らかに二種類あり，地理的条件，人的条件，商業的条件から生じる優位性を基盤としたのれんと，過大資本化や企業買収を前提とした擬制資本との関係から発生するのれんである。両者は超過収益力を意味するものとして認識されることになるが，現在でも，自己創設のれんと買入のれんの問題のなかに反映されている。また，組織再編におけるのれんの定義は，顧客のロイヤリティーを基礎とするのれんとは，全く別のものという理解がなされていることを意味している。

第二に，のれんは，その範疇の中から，最初に法律上の権利として，特許権や商標権などを分離し，さらに経済的な優位性を基盤とするブランドなどを分離していった。これは，企業がのれんは実体のあるものであるという論理的前提を必ずしも受け入れているわけではないことを意味している。

第三に，のれんに関する会計史を概観すると，企業は，のれんの価値測定に対して，ほとんど興味を示してこなかったことが分かる。企業にとっては，資産計上が可能となるのれん勘定そのものが重要で，そこからもたらされる機能を意識してきたといえる。市場と企業経営がダイレクトに結ばれていた時代ののれんと，資本市場と企業経営の間を結ぶものとして企業価値という概念が存在し，その重要な要素としてののれんとでは，明らかにその機能を異にする。

Ⅲ　総括－現代会計理論研究の視座－

アメリカにおいては，産業資本主義が確立し，20世紀初頭において資本主義が独占段階に突入すると，資本主義の危機を反映する会計理論が導入されは

68) Diago plc., *Annual Report 2003*, p.95.

じめ，単純な取引記録の簿記理論から，株式会社特有の会計理論への展開がなされる。しかし，これまでで検証したように一夜にして転換なされるわけではなく，また，いわゆるパラダイム転換が起きるわけでもない。それらの会計理論およびそれを構成する会計諸概念は，産業資本主義の会計理論の中に潜在化していることがわかる。さらに，イギリスの場合は，産業資本主義経済から金融資本主義経済への転換がアメリカよりも早い時期にあり，機能資本の計算を本旨とする会計から擬制資本の計算を本旨とする会計への移行が急激であった。すなわち「パックス・ブリタニカ」形成と終焉が1825年から1914年までの時期であり，イギリスが全世界に対する資本の輸出国であり，金融資本の象徴であるロンドンのシティが国際金本位制度の中核として機能した時期である。千葉準一教授によれば，イギリス経済社会のなかで，企業会計制度が1880年代当時の法制にとらわれずに市民社会の制度として新展開を遂げたのが19世紀自由主義法制期の中心に位置する1880年前後の時点であった[69]としている。

簿記はもともと機能資本の管理・統制に対して勘定を通じて観念的に行う計算体系である。株式会社会計において機能資本の計算のなかに，擬制資本の計算が混入されてくると，機能資本の運動の個別的把握よりも，擬制化された資本，つまり持分権の測定が優先し，さらなる計画された擬制資本の拡大をもたらすことになる。そしてこの過大に表示された擬制資本は，さらに機能資本に擬制資本を追加し，一層過大となった機能資本が会計を通して資本化されることになる。

形式的にみれば，現代会計は，具体化された資本の運動を測定し，記録し，加工して，その結果を情報利用者に報告する体系と映るが，会計的測定・会計報告の基礎となる会計基準の設定は，資本市場での擬制資本の制約を受けるため，その測定ないし報告の最終的な目的は，個別資本への資本集中とその支配

69）千葉準一「会計研究の動向－英国会計制度の認識像を巡る若干の問題－」津守常弘教授還暦･退官記念著作編集委員会『現代会計の国際的動向と展望』九州大学出版会，1999年，162ページ。

領域の拡大を通じて資本蓄積を図ることにある。利害関係者への公開や配当の情報提供は副次的な機能に過ぎない。

近代会計理論の形成過程の特徴は，産業資本の発展が株式会社形態を通じて行われたことである。そして運河や鉄道にみられるように，建設の長期化，株式会社資本の巨大化や株主の拡大と分化，あるいは定期的な配当の要求などが株式会社会計の課題として登場し，これに対応するために株式会社は会計の理論と技術を精緻化していった。この精緻化の経済的基盤は継続的で長期的な投資から生じる資本の有機的構成の高度化である。また，これらの経済的過程を通じて金融資本主義経済への転化の過程で，会計は擬制資本の計算を本旨としていくことになる。

第2章 True and Fair Viewの会計史

I True and Fair Viewと真実性

日本の企業会計原則は,冒頭に7つの一般原則を掲げ,第1の原則として「企業会計は,企業の財政状態及び経営成績に関して,真実な報告を提供するものでなければならない」と明記している。いわゆる「真実性の原則」である。黒沢清教授によれば,「真実性の原則」における「真実な報告」とは,企業会計は,財産の評価や減価償却についても会計処理を行うものの主観的な判断によるところが多く,客観的に絶対に真実性を保証するように報告することは不可能であるから[70],絶対的な意味での客観的な真正の状態を表示することではなくて,これを作成する人間の意見や,判断の表示であることを前提とするものであると述べている[71]。一般に,真実性の原則は,他の6つの一般原則(正規の簿記の原則,資本と利益の区別の原則,明瞭性の原則,継続性の原則,保守主義の原則,単一性の原則)ならびに損益計算書原則,貸借対照表原則に属する個別の会計原則の上位に立つ原則と見なされ,真実性の原則がいう真実な報告とは,それより下位の諸原則によって内実が与えられる[72]とされる。また,高山朋子教授は真実性の原則について,「ヨーロッパ共同体(EC)の会計基準の調和化をはかる第4号指令でも,イギリス会社法の従来から規定する『真実かつ公正な概観(true and fair view)』を,最高指導原理として要求している。これを受けて,フランスの1983年商法も忠実な写像(image fiddle)を表す会計情報の作成を,ドイツの1985年商法も真実かつ公正な写像(den tatsachlichen Verhaltnissen

---

70) 黒沢 清『会計学の基礎(改訂新版)』千倉書房,1983年,187ページ。
71) 黒沢 清『(改訂増補版)近代会計学』春秋社,1964年,290ページ。
72) 醍醐 聰『会計学講義』東大出版会,1998年,24ページ。

entsprechendes Bild）を表す会計情報の作成を要請している。したがって，真実性の原則は，会計の全領域に渡っての包括的最高位の原則であり，重層的信用制度の中において，会計規則が遵守すべき基礎を形成している」[73] と述べている。

これらの見解に共通するのは，会計的真実は真実性の原則を除くすべての諸原則の規定を遵守することによって達成できると考えられている点である。したがって，一つの取引に対して複数の会計処理が認められているような事象に対して，たとえば減価償却の会計処理を定額法で行った場合と，定率法で行った場合には利益額に大きな差が生じるが，企業会計原則で許容された会計方法であるから，これにしたがったものと解され，両方とも真実なものと認められることになる。つまり企業会計原則は真実な報告の真実について，その内容を規定することはなく，その判断を企業に委ねている。

しかし，この真実性の原則を会計の最高位の原則として位置づけるのは，企業会計が合意形成を必要とする社会的な規範であるので，この合意形成を達成するためのコア概念として会計的真実が必要だからである。すなわち真実性の原則を冒頭に掲げることによって，企業会計原則に準拠して作成された財務諸表が真実な報告であるというコンセンサスを誘導することが社会的規範としての会計制度にとって重要な要素となる。これらの点はイギリス会計の特徴として指摘される True and Fair View と同質なものがある。そこで，会計的真実とは何かを究明するために，True and Fair View を歴史的に検証することとする。

Ⅱ　運河・鉄道会計と True and Fair View

18 世紀のイギリス運河は，産業革命期の商品輸送を支えるインフラとして重要な役割を果たしていた。運河の建設は，当時の一般的な産業に比べ，莫

73）高山朋子『財務諸表の理論と制度』森山書店，2002 年，282 ページ。

大な資本が必要であったため，多くの運河会社が株式会社形態を採用した[74]。南海泡沫事件以来，イギリスでは株式会社に対して懐疑的であったが[75]，運河会社は，大資本の必要性と公共性の点から，個々の運河に対して個別法の制定を前提とした法定会社として議会の認可を必要とした。P. M. Deane は，産業革命期の運河建設の特徴を3つ挙げている[76]。

① 個々の企業家では通常の場合，手に負えないほどの資本出額を必要とする。

② 建設に長期間を要し，実質的な利潤を生み出すには，さらに一層の長期間が必要である。

③ その投資に基づく総収益は，直接的に最初の事業に着手した企業家のものとなるよりも，むしろ間接的に社会のものとなる。

法定会社としての運河会社は議会の認可が必要で，そのためには会計資料を整備しなければならなかった。個々の会計処理は運河会社に任されていたが，個別法には，授権資本額や会計帳簿の作成が義務づけられていた。たとえば，1769年に議会で個別法が制定された Leeds and Liverpool 運河では，土木技師の見積建設原価を基礎として認可資本額（authorized share capital）26万ポンドで認可されている。これらは100ポンド株で，個別法には建設利息5％が定められていた[77]。また，1794年に個別法が議会を通過する Huddersfield 運河は，当初の見積建設原価18万2,748ポンドに対して，認可資本18万4,100ポンドで，

74）イギリス運河建設の母体となったものは，このほかに政府，個人などがある。前者は軍事目的で建設された運河で，後者の代表的な運河は Bridgewater 運河などがある（小松芳喬「十八世紀におけるブリッジウォーター運河の建設費」『早稲田大学政治経済学雑誌』第224・225合併号，1970年，125ページ）。

75）A. Smith は，株式会社組織に関して，株式会社の重役は他人の貨幣の管理者であるから，適切な経営管理は望めないとした上で，株式会社の設立に二つの条件を要求している。第1に，事業そのものが普通の商工業に比べ，より大きな有用性が認められること。第2に，個人では容易に集められないほどの巨額の資本を必要とすることを挙げている。そして，具体的な職種として，銀行，保険，水道，運河の四つをあげている（A. Smith, *The Wealth of Nation*, Cannan's ed., Vol. 2, 1961, pp.233-247.）。

76）P. M. Deane, *The First Industrial Revolution,* 1956, p.69.

必要に応じて2万ポンドの株式の追加発行が認められていた[78]。議会の認可を受けた運河会社は，株式の募集を開始し，投資家から巨額の資金を得て，これを運河の経済的基盤の設立に費やした。運河建設は長期化したため，資本の調達と運用に関する会計的資料として資本勘定が公表された。運河会社の資本勘定は，個別法により議会で認可された法定会社のもとで，資本の調達に関するすべての歴史を表示するために用いられるスチュワードシップのための資料であった[79]。運河会社は，有料道路や河川経営と同様に通路としての運河施設を保有し，直接運輸業務を行わないという経営形態であったので，調達した資本によって運河が完成されれば，その責任を果たしたと考えられ，資本的収支の報告書である資本勘定が重視された。運河の完成にともない資本勘定が締切られ，通行料収入や運河の維持・管理の費用，特に修繕費を中心とした収益勘定が公開され，運河会社は個別法の規定を遵守して資本からの配当を禁止し，配当は利益からという要件を満たしていると表明しようとした。これが利益の真実性の基盤となっている。

True and Fair View は，企業会計における「真実性の原則」の基となった概念であり，近代会計理論の形成とその現代会計理論の展開過程で，制度形成に関わって重要な概念として，位置づけられてきた。真実性という概念は，すでに18世紀末のイギリスにおける運河会社の個別法の会計規定の中に現れる。たとえば，1780年代に認可されたGlamorganshire運河[80]の個別法では，「真実な利益」（clear profit）を計算するために，運河建設のためのすべての支出と債務及び運行の諸費用に関わる現金支出について，真実で詳細な記録をつける

77）村田直樹「複会計制度の源流－18世紀のイギリス運河会計－」『会計史学会年報』第9号，1990年，42ページ。
建設に長期間を要する運河投資では，運河建設期間中でも建設利息が支払われ，それが運河投資の魅力となっていた。個別法に定められた建設利息は上限を示し，Leeds and Liverpool運河では，1783年に建設利息1.5%が支払われたことが株主総会で報告されている（*An Abstract of The General State of the Accounts of Company of Proprietors of the Canal Navigation from Leeds to Liverpool* taken 1st January, 1784 ）。

78）C. Hadfield and G. Biddle, *The Canal of North West England,* 1970, p.323.

79）J. R. Edwards, *A History of Financial Accounting,* 1980, pp.163-164.

ことである。さらに，この「真実な利益」は，出資金の8%を超えてはならないと規定されている。これは，運河マニア期（1791-1795）の運河への投機を抑制するため，議会の個別法において各運河会社に対して，配当率の制限を行うことを意識したものである。

このような個別法の中の会計規定は，鉄道会社の個別法にも受け継がれている。たとえば，1825年に認可されたLiverpool and Manchester鉄道の個別法には，書記（clerk）あるいはトレジャラー（treasurer）によって，時系列的に帳簿が記録，保存され，受取，支払，留保，消費したすべての現金合計額を「真実かつ正しい諸勘定」（true and regular accounts）に記入すべきであると規定されている。また，書記あるいはトレジャラーは株主総会で任命され，株主に対して説明責任を負っていたので，株主総会で，「真実かつ完全な会計」（true and perfect account）の開示を要求された[81]。また，1833年のLondon and Birmingham鉄道の個別法には，定められた期間中の全収入金額と，設立や維持および輸送などに必要な諸支出を「真実で正確な諸勘定」（true and correct accounts）に記録しなければならないと規定されている[82]。さらに，配当金は当期の真実な利益（clear profit）を超えてはならず，これを行えば会社の資本を損ねることになると規定している[83]。1868年にGreat Western鉄道の株主総会に提出された監査報告書（Auditors' Report）（図表2-1）には，「完全で真実な計算書」（full and true statement）の作成や「真実な財政状態」（true financial condition）の表示といった記述がされているが，監査基準としての「完全」あるいは「真実」に対する説明はなされておらず，監査報告書の主要部分は，株

80）*An Act for making and maintaining a Navigable Canal from Meathy Tidvile, to and though a Place call the Bank, near the Town of Cardiff, in the Country of Glamorgan,* 30 Geo., Ⅲ, c 82. Glamorganshire運河の完成は1974年で，Taff川のPenarth Harbour付近からMerthyr Tydvilまでの25マイルで，発行株式数は600株，1832年の株価は172ポンド13シリング4ペンスで，配当額は1株あたり13ポンド13シリング4ペンスであった（*Railway Magazine* 1838, pp.384-385.）。

81）*An Act for making a Railway from Manchester to Liverpool,* 10th, Geo. Ⅳ. Sess. 1829.

82）*An Act for making a Railway from London to Birmingham,* 6th May, 1833. CXLV Ⅲ.

83）*Ibid.*, CL Ⅵ.

図表２－１　Great Western鉄道監査報告書1868年

AUDITORS' REPORT.

To the Shareholders of

The Great Western Railway Company.

As it may not be known to you that an Act of last Session of Parliament (The Railway Companies' Act, 1867,) has imposed upon us the additional responsibility of verifying the true *financial condition* of the Company, we think it right that you should have before you Section 30 of the Act on the subject, which provides that:—

"No Dividend shall be declared by a Company until the Auditors have certified that the Half-yearly Accounts proposed to be issued contain a full and true statement of the financial condition of "the Company, and that the Dividend proposed to be declared on any Shares is *bona fide* due thereon, after charging the Revenue of the Half-year with all Expenses which ought to be paid thereout in "the judgment of the Auditors; but if the Directors differ from the judgment of the Auditors with respect to the payment of any such Expenses out of the Revenue of the Half-year, such difference shall, "if the Directors desire it, be stated in the Report to the Shareholders; and the Company, in General Meeting, may decide thereon, subject to all the provisions of the Law then existing, and such decision "shall, for the purposes of the Dividend, be final and binding; but if no such difference is stated, or if no decision is given on any such difference, the judgment of the Auditors shall be final and binding; "and the Auditors may examine the books of the Company at all reasonable times, and may call for such further Accounts, and such vouchers, papers, and information as they think fit, and the Directors "and Officers of the Company shall produce and give the same as far as they can, and the Auditors may refuse to certify, as aforesaid, until they have received the same; and the Auditors may, at any "time, add to their certificate, or issue to the Shareholders independently, at the cost of the Company, any Statement respecting the financial condition and prospects of the Company which they think "material for the information of the Shareholders."

It is satisfactory to be enabled to state that the powers of investigation conferred on us by the above Section have always been conceded, without reserve, by the Directors and Officers of the Company.

In conformity with this Section, we have certified the Accounts for the past half-year, and have also deemed it desirable to set out, in the General Balance Sheet, such of the Ledger Balances as refer to Suspense Accounts, which are in course of liquidation out of Revenue over a period of years, as sanctioned by the Proprietors at different periods.

We have suggested that a statement of the Liabilities on Capital Account, as estimated by the Directors, and referred to in their Report of 25th March, 1867, and by the Committee of Consultation, in their Report of 15th August, 1867, should be appended to the Accounts, showing the Expenditure in respect thereof during the half-years ending July 31st, 1867, and January 31st, 1868, with the balance outstanding, and we are informed that it is not the intention of the Directors to incur any outlay on Capital, beyond the amounts set forth in that schedule, until an estimate is submitted to the Proprietors, and sanctioned by them.

The Expenditure on Capital Account during the past half-year, amounting to £146,526 17s. 8d., is described in Account No. 1, also in the Schedule of Liabilities before referred to.

The whole of the expenditure for Renewals of Rolling Stock, including very important improvements, has been charged to Revenue. We have personally inspected some of the vehicles which have been constructed to replace others worn out, and are satisfied that the Stock so substituted is of considerably increased value, and, in the case of Wagons, of increased tonnage capacity. The sum of £49,236 15s. 10d. is included in the past half-year's Revenue Account for these Renewals.

The entire Interest on the Capital Expenditure, whether productive or unproductive, has also been charged to Revenue.

The Receipts and Payments on account of Revenue for the month of January have been necessarily estimated, in accordance with the usual practice of Railway Companies; but we believe that such estimates are so carefully prepared that they may be fully relied upon.

EDWARD HARPER,
J. G. T. CHILD,
JAMES WILLIAM BOWEN, } *Auditors.*

PADDINGTON STATION, *February 27th*, 1868.

(Great Western Railway Company, *Auditors' Report, by E. Harper and J. G. Child, J. W. Bowen*, 27th Feburary, 1868)

主の最も関心のある資本的支出に関する会計処理の適正性を巡るものであり，「真実」の定義がなされているわけではない[84)]。

イギリス鉄道会計の使命は，配当可能利益の算定と鉄道に投下された資本の保全にあった。したがって，鉄道会社の設立を規定する議会での個別法には，鉄道会計が果たすべき基本的な要件が規定された。イギリスにおける鉄道会社の個別法や実務のなかに登場する True and Fair View は，運河会社の個別法からの継承もあり，資本からの配当を禁止し，配当は利益からという鉄道会社の意見表明を基盤とした真実性が重要視されたのである。しかし，何が「真実」で何が「完全」であるのかは定義されず，その判断は鉄道会社に委ねられていた。

Ⅲ　True and Fair Viewと一般鉄道規制法

上述したような True and Fair View の基本的な考え方は，鉄道の一般規制法にも継承される。1836 年からの鉄道マニアは，1837 年からのアメリカの銀行恐慌の影響を受けて収斂し，この間に明らかとなった鉄道会社の重役たちの不正行為や放漫経営によって，投資家は多大な被害を受けることとなった[85)]。この実態を調査する目的で，1843 年に下院で Gladstone 委員会が設立され，この委員会によって 1844 年に出された報告書をベースとして[86)]，鉄道会社に対する一般規制法である 1844 年鉄道規制法（Regulation of Railway Act, 1844）が制定された[87)]。当該規制法は，鉄道会社に対して 10% の配当制限を設け，これを超過する配当を行った鉄道会社に対して，政府が運賃の改定もしくは当該鉄道

84）Great Western Railway Company, *Auditor's Report by E. Harper and J. G. Child, J. W. Bowen,* 27th February, 1868.

85）村田直樹「株式会社における財務報告の源流」千葉準一・中野常男『会計と会計学の歴史』（体系現代会計学第 8 巻）中央経済社，2012 年，164 ページ。

86）H. Pollins, "Aspects of Railway Accounting Before 1868," *Studies in the History of Accounting,* edited by M. C. Reed, London, 1956, pp.337-338.

87）1844 年以前にも 1840 年と 1842 年に鉄道規制法（Regulation of Railway Act, 1840 and 1842）が，私的会社（private companies）と公衆の要求を調和し，運輸の安全を保証するとともに運賃の公正を期するため，という目的で制定されている（中村萬次『米国鉄道会計史研究』同文舘，1994 年，111 ページ）。

会社を買収する権利が規定されていた[88]。この資料として，2人以上の取締役の監査を受けた収支計算書と貸借対照表を政府に提出しなければならないと規定されていた。これら財務諸表のもととなる現金の収支について，「完全で真実な諸勘定」（full and true accounts）が要求されている。このような財務諸表の報告とその監査は，以後のイギリス会計の制度的な特徴となった[89]。しかし，1844年の鉄道規制法は，*laissez-faire* の名において，私的資本の利潤を追求しようとする鉄道会社の不満は強く，この規制法に対する批難が集中し，実行することはできなかった。

1845年から鉄道マニアは，1846年と1847年にそのピークを迎え，鉄道マニア終息後の恐慌によって鉄道株は大きな影響を受けることになる。1850年までに鉄道株は暴落し，T. Tookによれば，1849年12月時点で，イギリス鉄道建設投資額と鉄道株式の時価総額との差額は，1億2,000万ポンドにおよび，これが鉄道株主の損失額であると述べている[90]。このような状況下で1845年鉄道条項統合法（Railway Clauses consolidation Act, 1845）などの鉄道に対する一般規制法の改定が行われるが，実効が得られず，鉄道経営者の不正防止と財務諸表の監査を目的とした法改正のための鉄道会計監査委員会（Select Committee on Audit of Railway Accounts）が，1849年に上院に設置された。いわゆるMonteagle委員会である。同委員会は，1849年3月に第1回目の報告書を議会に提出している。この報告書は第2報告書と同様に，公聴録で，多くの鉄道関係者の証言が記載されている[91]。また，同年6月の第3報告書は，最終答申で，過去の鉄道関連法規には，鉄道における統一された会計制度の規定がなく，ここに問題があるとして統一会計制度の必要性を指摘した上で，以下

88）W. C. Glen, *Selford's Law of Railways,* Vol.1, London, 1869, pp.46-47.
89）村田直樹『鉄道会計発達史論』日本経済評論社，2001年，127ページ。
90）T. Took, *History of Prices,* 1838.　藤塚知義訳『物価史』第5巻，1981年，327ページ。
91）主な証言者は，Great Western 鉄道の社長 Charles Russell，Great Northern 鉄道の取締役 Captain John Milligan Laws，Caledonian 鉄道の会計士 William Dicker，Birmingham and Gloucester 鉄道などで書記の経験のある George King，London の会計士 George Creydon Begbie などである。

の点を勧告している[92]。

① すべての会社の取引を正確に記録して，取締役のサインを付すことによって責任を明確にすること。
② 貸借対照表を作成すること。
③ 資本金に関する正確な報告書を公開すること。
④ 会社に属するすべての財産と債権，会社の債務，損益を区分表示すること。
⑤ 減価償却準備金もしくは減価償却基金を設けること。
⑥ 株主の帳簿閲覧権を強化すること。
⑦ 株主からの監査役ではなく，独立した監査人を専任すべきこと。または会社が選任した監査役と公的機関が指名した監査人を併存させること。
⑧ 配当は会社の利益から行うこと。

さらに，優れた会計組織をもつ鉄道としてLondon and North Western鉄道を挙げ，同鉄道の公表財務諸表を参考にして，議会勘定（Parliamentary Account），資本勘定（Capital Account），収益勘定（Revenue Account），一般貸借対照表（General Balance Sheet），配当宣言案（The Scheme），減価償却および準備金計算書（Depreciation and Reserve Fund）の財務諸表が必要であると勧告している[93]。しかし，鉄道会社の反対が強く，Monteagle委員会の勧告に沿った法改正は実現しなかった。また，この報告書においても，正確な記録や正確

---

92) *Third Report from the Select Committee of the House of Loads appointed to Consider "Whether the Railway Acts do not require Amendment, with a View of providing for a more Effectual Audit of Accounts, to guard against the Application of Funds of such Companies to Purpose for which they were not Subscribed under the Authorize of the Legislature," and to Report Thereon to the House: together with Further Minutes of Evidence,* 18th June, 1849, pp.1-2.

93) *Third Report from the Select Committee of the House of Loads appointed to Consider "Whether the Railway Acts do not require Amendment, with a View of providing for a more Effectual Audit of Accounts, to guard against the Application of Funds of such Companies to Purpose for which they were not Subscribed under the Authorize of the Legislature," and to Report Thereon to the House: together with Further Minutes of Evidence*, 18th June, 1849 pp.18-20.

な報告書に対する具体的な記述は見られない。

その後1863年から1865年にかけては，鉄道の拡張期であった。この時期の鉄道建設の特徴は，建設される鉄道のほとんどが銀行資本によって建設されたことである[94]。株式銀行は鉄道会社の手形を引き受け，手形の決済は銀行の株式および社債で行い，これら証券の現金化は銀行が行った[95]。ところが，1866年から1867年の信用恐慌によって，鉄道の資本調達に積極的に関与していた銀行が倒産し，鉄道建設は停滞した。K. Marxはこの恐慌について「すでに本来の工業地帯では，これまでに慣れた投資部面から貨幣市場の中心地に駆逐した綿花飢饉によって，すでに割引されていたので，このたびは，主として金融的な性格をとった。1866年5月におけるその勃発は，ロンドンの一大銀行の破産が信号となり，続いて無数の金融泡沫会社が倒れた」[96]と述べている。1867年の*Bankers Magazine*誌によれば，1866年における恐慌の主要な原因の一つは，不健全で巨大な鉄道会社と，その建設者である銀行であると論説している[97]。このような状況から，イギリス議会は，鉄道会社の経営状態を正確に把握し，鉄道会社の会計組織を統一化して，財務諸表の作成を要求する1868年鉄道規制法（Railway Company Act, 1868）を制定した。1868年鉄道規制法の目的は，鉄道建設に深く関わった銀行を擁護することにあり，鉄道会社の支払能力や収益力を比較検討できる鉄道会社の統一的な会計制度を定めた。すなわち同法の第3条には「すべての法人化企業は，1868年12月31日以後に開催する半期の株主総会の少なくとも7日前に，当該法律の第1スケジュールの形式にしたがって，半期の財務諸表および残高表を作成し印刷しなければならない」[98]と規定し，第1スケジュールにおいて模範的な15種類の財務諸表の様式を明示した[99]。この財務諸表作成の基盤となるものがTrue and Fair

94）ツガンバラノフスキー著，救仁郷繁訳，『新訳　英国恐慌史論』1972年，156ページ。
95）中村萬次『英米鉄道会計史研究』同文舘，1991年，156ページ。
96）カール・マルクス著　向坂逸郎訳『資本論』第1巻，1967年，838ページ。
97）“The Financial History of the Year 1866-Railway-Banks-Money Market”, *Bankers Magazine*, No.21, May, 1867, pp.826-840.
98）31&32 Vict., c. 119.

View である。しかし，1868 年鉄道規制法においても，True and Fair View の具体的な内容は明示されておらず，その判断は，鉄道経営者に任されていた。

Ⅳ　イギリス会社法と True and Fair View

さらにこの True and Fair View は，一般企業に関連する会社法においても，規定されている。1844 年に制定されたイギリス最初の会社法（Joint Stock Companies Act, 1844）では，「完全で真実な貸借対照表」(full and fair balance sheet)の作成が要求されている[100)]。当該会社法に規定される貸借対照表(balance sheet）は，現在の貸借対照表そのものを意味するわけではない[101)]。たとえば，鉄道会計の実務では，株主総会等で報告される財務諸表の最終表としての残高一覧表を表している。複会計制度においても一般貸借対照表（General Balance Sheet）は財務諸表の末尾に掲載される，すべての勘定残高の一覧表で，資本勘定残高として掲記される運転資本は，資本収支計算書としての機能を持つ資本勘定において，調達した資本と，これによって取得した固定資産との差額で

99）1868 年鉄道規制法第 1 スケジュールに明示された 15 種類の財務諸表とは，①授権資本および認可資本計算書（Statement of Capital Authorized and Created by Company），②認可資本払込金計算書（Statement of Stock and Share Capital Created, showing the Proportion received），③借入金および社債計算書（Capital raised Loans and Debenture Stock），④資本収支計算書（Receipts and Expenditureon Capital Account），⑤資本勘定の資本的支出明細表（Details of Capital Expenditure on Capital Account），⑥車輌明細表（Return of Working Stock），⑦資本的支出の見積計算書（Estimate of Further Expenditure on Capital Account），⑧将来の支出に充当できる追加資本およびその他の資産計算書（Capital Powers and other Assets available to meet Further Expenditure, as per No.7.），⑨収益勘定（Revenue Account），⑩配当可能利益計算書（Net Revenue Account），⑪配当金計算書（Proposed Appropriation of available for Dividend），⑫注記（Abstract），⑬一般貸借対照表（General Balance Sheet），⑭路線別走行距離計算書（Mileage Statement），⑮車輌別走行距離計算書（Statement of Train Mileage）である。この資本勘定と収益勘定さらに一般貸借対照表を軸とする会計制度は，後に複会計制度と呼ばれるものである。

100）R. J. Chambers and P. W. Wolniger, "A True and Fair View of Position and Results: the Historical Background", *Accounting Business and Financial History*, Vol.1, No.2, 1991, p.123.

101）山浦久司『英国株式会社会計制度論』白桃書房，1993 年，55-56 ページ。

あって，営業目的使用する資金である。この資金の増減に影響するものが損益計算書としての機能を持つ収益勘定である[102]。

また1844年会社登記法（An Act of the Registration, Incorporation, and Regulation of Joint Stock Companies, 1844）では，第34条で，取締役は適切な帳簿に正当に記録するために会社の諸勘定を設けること。第35条で，取締役は監査役に提出する少なくとも14日前までに，帳簿を締め切り，「完全かつ公正な貸借対照表」（a full and fair Balance Sheet）を作成し，貸借対照表を監査役に提出する前に，取締役もしくはその内の3名が検査し，署名して取締役社長の署名とともに，会社の帳簿に当該貸借対照表を記録することと規定している。さらに，第39条において，貸借対照表が提示される株主総会の少なくとも28日前までに，取締役は監査役に半期あるいは一定期間の諸勘定と貸借対照表を提出し，監査役はそれらを監査することとして，強制監査の導入を規定している。しかし，同法は会計専門家の欠如や会計慣行確立の理論が未整備であったために，定着することはなかった[103]。

1845年会社条項統合法（Companies Clauses Consolidation Act, 1845）では，会計記録に関して以下の条文が規定されている。

① 第115条「営業上の現金収入および現金支出は，完全かつ真実な勘定（full and true accounts）を作成しなければならない」[104]。

② 第116条「すべての現金収支について記録をつけ，現金収支計算書を作成する。会社の貸借対照表作成日において，資産・負債および資本金の真実な計算に基づき，正確な貸借対照表を作成しなければならない。前半期報告に引き続き発生した取引について，明解な損益計算書を作成しなければならない」。

③ 第120条「取締役は，株主総会に提出する損益計算書（showing the

102）村田直樹『鉄道会計発達史論』日本経済評論社，2001年，123-124ページ。

103）山浦久司『英国株式会社会計制度論』白桃書房，1993年，21ページ。

104）村田直樹「株式会社会計における財務報告の源流」千葉準一・中野常男『会計と会計学の歴史』中央経済社，2012年，178ページ。

profit）を予め作成しなければならない」。

④ 第121条「資本からの配当を禁止し，債権者等の承諾なしに，配当は会社の資本金をいささかも削減して支払ってはならない」。

資本からの配当禁止あるいは配当は利益を源泉として支払うという考え方が，資本と利益間の現金取引を分析する必要性を認識させ，貸借対照表や損益計算書を作成させることになった[105]。これら「正確な」貸借対照表や「明解な」損益計算書は，「完全かつ真実な」会計記録から作成することを規定している。1856年の会社法（Joint Stock Companies Act, 1856）では，監査役の職務を規定した第84条で，監査役は，貸借対照表と諸勘定に関して株主に報告し，報告書作成にあたっては，貸借対照表が規則に定める事項を満たし，「完全かつ公正な貸借対照表」（full and fair Balance Sheet）であり，会社の事業の状況について，「真実かつ正確な概観」（true and correct view）を表示するように適切に作成されているか否かの意見を述べ，また必要とする説明と情報を取締役から得たかどうかを記載し，取締役の報告書とともに株主総会で読み上げなければならないと規定している。この点は，監査の基準として真実かつ正確な概観が用いられるべきであるとしているが，その内容に関する規定はなく，具体的な内容については*laissez-faire*思想に基づいて，会社と監査役の判断に委ねられていたと解すべきである。

1856年会社法の会計制度に関する規定を継承した1862年の会社法（Joint Stock Companies Act, 1862）でも，「完全で真実な財務諸表」（full and fair statements）を作成すべきであると規定されている[106]。このようなTrue and Fair Viewに関する規定は，1929年のイギリス会社法（Companies Act, 1929）の財務諸表が会社内容の「真実で正確な概観」（true and correct view）を伝えなければならないとする規定に継承された。これは，監査役による財務諸表監査に

105）J. R. Edwards, "The Origins and Evolution of Double Account System: An Example of Accounting Innovation", *Abacus*, Vol.21, No.1, 1985, p.28.

106）J. R. Edwards, *A History of Financial Accounting*, 1989, p.192.

対する判断基準として位置づけられたものである。その後1931年のロイヤル・メイル事件[107]の会計的真実を巡る論争を通じて，1943年に議会に設置された会社法改正委員会（The Committee on Company Law Amendment：Cohen Committee）の1945年の委員会報告によって，1929年会社法に規定された「真実かつ正確な概観」（True and Correct View）に換えて，「真実かつ公正な概観」（True and Fair View）を会社法における会計規定の中心概念として位置づけ，取締役が財務諸表を作成する際に遵守すべき概念であることを勧告した。千葉準一教授によれば，Cohen委員会が，取締役にTrue and Fair Viewを示す財務諸表の作成を義務づけたのは，秘密積立金経理の原則的否定を中核とする，イギリス社会の時代的特徴を反映した，真実性要求の高まりがあったとしている[108]。Cohen委員会の勧告を受けて，1947年会社法（Companies Act, 1947）では，第12条第1項で，会社の帳簿は会社の状況についてのTrue and Fair Viewを与えるものでなければならないと規定し，第13条第1項で，会社の貸借対照表および損益計算書は当該会計年度末における営業の状態と当該会計年度の損益の状態についてTrue and Fair Viewを与えるものでなければならないと規定している。

1948年会社法（Companies Act, 1948）では，True and Fair Viewという用語が継承されている[109]。すなわち第147条第2項「前項の目的を達成するため，会社の営業の状況に関するTrue and Fair Viewを提供し，かつ当該取引を説明するのに必要な帳簿が記録されていない場合，前項の事項に関する正確な（proper）会計帳簿を備えているものと認めることができない」とし，さらに第149条第1項で「会社の貸借対照表はすべて，当該会計年度末における会社の財政状態につきTrue and Fair Viewを提供し，また，会社の損益計算書はすべて，当該会計期間の会社の損益につきTrue and Fair Viewを提供するものでなければならない」と規定している。前者は記録に関する原則，後者は報告

107）ロイヤル・メイル事件とは，巨大郵船会社であったロイヤル・メイル社の社債発行目論見書に表示された内容が詐欺に当たるかどうかを問われた事件で，具体的には秘密積立金の経理を巡る問題として，英国会社法史上の重要な事件とされている。
108）千葉準一『英国近代会計制度』中央経済社，1991年，330ページ。
109）中村萬次『米国鉄道会計史研究』同文舘，1994年，6ページ。

に関する原則と解されている[110]。また，1948年会社法は，いわゆる「法の離脱規定」を定めている。この規定は，特別な事情のもとでという制限はあるが，法規定を適用することでTrue and Fair Viewを達成できないと判断される場合には，会社の取締役はTrue and Fair Viewをもつ会計情報の提供に必要な範囲で，法規定から離脱しなければならないとしたものである。イギリスは判例法（case law）の国であり，会計思考のベースに*laissez-faire*思想があるため，成文化される会社法や社会的規範としての会計基準の規定は，必ずしも完全なものではなく，各項目の適用にあたっては状況を判断して，適切な方法を採用すべきであると考えられていた。True and Fair Viewに関する上述した諸規定に共通するのは，真実や公正に関する具体的な説明はなく，定義されているわけでもないことである。

V 現代会計理論とTrue and Fair View

イギリスの会計制度の最も重要な概念の一つにTrue and Fair Viewがあり，多くの研究者がイギリスの会計制度を理解する鍵となると指摘している[111]。しかし，True and Fair Viewは会社法上の概念であるにもかかわらず，非常に曖昧な概念で，時代とともにその内容が変遷している。J. G. Chastneyによれば，True and Fair Viewに対する単一の定義はなく，会計においては多様な意味が与えられてきた。そこには，各自の独自な解釈があり，True and Fair Viewが使い続けられてきた理由は，それ自体が優れた資質を有しているからではなく，他に優れたものが見あたらないからである[112]と評価している。また，千葉準一教授は，True and Fair Viewについて「この概念は市民社会と政治的国家との中間領域（gray zone）－市民社会の側では職業団体としての

110）千葉準一『英国近代会計制度』中央経済社，1991年，333-335ページ。

111）たとえば，R. H. Parker, and C. K. Nobes, "True and Fair: UK Auditor's View", *Accounting and Business Research,* Vol. 21, No. 84, 1991, pp.349-361. などがある。

112）J. G. Chastney, *True and Fair View,* 1975, p.92.

会計士協会や証券取引所などであり，他方，国家の側では中間領域でも機能する商務省など－をその担い手としつつ，その共同作業を完成させるための媒介概念であった」[113] と述べている。市民社会と政治的国家の関係ばかりでなく，イギリスにおける会社法と社会的な規範としての会計制度を媒介する概念として True and Fair View を位置づけることもできる。社会規範としての会計が成立するためには一定の社会的な合意形成が必要であり，その核となる概念が法律から持ち込まれたと解すべきである。True and Fair View を会計に適用するためには，測定と報告における会計的真実を指向する会計の制度的構造の中心に，この概念を位置づけることが社会的な合意形成に必要であったが，その内容を厳密に規定すると，会計実務の遂行にとって最も重要な会計の柔軟性が損なわれるため，True and Fair View の具体的な内容，つまり，何が真実で，何が公平かは常に企業に委ねられてきた。

イギリス会計における True and Fair View は，その原初形態である鉄道会計の「真実な利益」を端緒としている。「真実な利益」は，鉄道会計の一つの目的が配当可能利益計算であったため，配当に対する正当性を担保するものとして，また，資本からの配当が行われていないということを表明するものとして，「真実な利益」が個別法に明記された。さらに，その後の金融恐慌などを通じて，鉄道会社の有力な投資家であり債権者である銀行を擁護するため，鉄道会計の統一化を図る際に，その制度全体にわたる基盤として True and Fair View が会社法から会計制度に持ち込まれた。しかし，会社法においても，True and Fair View を監査の基準として用いるべきであるとしているが，その内容に対する規定はなく，その判断は会社と監査役に委ねられている。

True and Fair View の制度的な歴史を概観すると，その概念は一様ではなく，定義が困難で[114]，True and Fair View は，理想でも基準でもなく，歴

113) 千葉準一「会計研究の動向－英国会計制度の認識像を巡る若干の問題－」津守常弘還暦・退官記念著作編集委員会『現代会計の国際的動向と展望』九州大学出版会，1999 年，169 ページ。

114) D. Flint, *A True and Fair View in Company Accounts*, ICAS, 1982, pp.486-490.

史的所産であることが分かる[115]。近代会計の生成から現代会計に至る歴史の中で，会計制度の中心的な概念として，重要な役割を果たしてきたTrue and Fair Viewのこのようなあり方が，簿記から会計に至る過程の中で，大きな意味を持つことになる。すなわち，本来，機能資本の計算を主旨として形成された簿記・会計が，産業資本主義から金融資本主義に転換していく過程で，擬制資本の計算を取り込み，True and Fair Viewが擬制資本の計算を中心とした会計システムを形成する概念的支柱となったことである。この転換期は，イギリスの場合，少なくとも19世紀中頃にあり，1844年の会社法を重視する見解もあるが[116]，実務との関係を考えれば，第二次鉄道マニア（1845年-1847年）における金融資本を中心とする鉄道会社の財務構造の変化とマニア後の金融恐慌を契機として制定された，金融資本の擁護を目的とした1868年鉄道規制法の歴史的意義は大きいと考えられる。

115）J. G. Chastney, *True and Fair View,* 1975, p.91.
116）S. McCartney and A. J. Arnold, "Financial capitalism in corporation and the emergence of financial reporting information", *Accounting Auditing and Accountability Journal,* Vol.25, No.8, 2012, pp1303-1306.

第3章　現金主義と発生主義の会計史

I　現金主義と発生主義

会計における期間損益計算にとって最も重要な費用・収益の計上基準には，現金主義と発生主義がある。現金主義は，現金の収支により費用や収益を計上する基準である。一方，発生主義は，現金の収支に関係なく，経済価値が費消した事実が発生したときに費用・収益を計上する基準である。現金主義では，基本的に現金勘定残高が利益を示すことになるので，利益に対して資金的な裏付けがなされることになる。ところが期間損益計算の重要性が増し，信用取引の発達や合理的な期間帰属を通じて，期間業績を正確に把握するという観点から，発生主義による費用・収益の計上が一般化することになる。しかし，費用・収益の見越し・繰延べや減価償却をメルクマールとする発生主義会計では，決算修正事項の際に会社の政策が爆発的に投入され，利益計算の恣意性を増大することになる。

一般に，費用・収益の認識基準が会計実務の歴史的発展過程のなかで現金主義から発生主義に発展したという見解が示されてきたが，会計の歴史を検討するとこの見解には問題がある。たとえば，泉谷勝美教授は，13世紀末のファロルフィ商会サロン支店の元帳に，前払地代等の計上がなされていることを指摘し，複式簿記は発生当時から発生主義による費用・収益の認識があったとしている[117]。また，17世紀の簿記書を分析した渡邉泉教授は，「期間損益計算にとって最も重要な認識基準の歴史的な発展プロセスは，時として，現金主義から発生主義への進化として理解されることがある。しかし，これは，誤りで

117）泉谷勝美『複式簿記生成史論』森山書店，1980年，112ページ。

ある。・・・・・複式簿記はその発生ないし完成と同時に現金主義ではなく発生主義によって費用・収益を認識して，企業の期間損益を算出していたのである。」と指摘する[118)]。イギリスにおける産業革命期の一般企業が発生主義会計であったことは，広く知られているが，特定の産業たとえば，運河や鉄道などは，現金主義による会計システムが構築されていた。つまり，会計システムの始まりが発生主義か現金主義かが重要なのではなく，簿記を含む会計実務のシステムの中に当初から，両方の費用・収益の認識基準を内包していたことに重要な意味がある。一定の経済状況の変化や生産構造の違いによって，費用・収益の認識基準を選択的に変更することが可能な状況を作り出すことが重要で，企業を取り巻く外的要因の変化に対応して費用・収益の認識基準を顕在化させて行くことになる。そこで，本章では，この点を歴史的に実証するため，1840年から1850年代にかけて現金主義会計から発生主義会計に移行したとされるイギリスの鉄道会社の会計実務を歴史的に検証することによって，この問題の本質を探ろうとするものである。

Ⅱ　1840-1850年代のイギリス鉄道会社を巡る法的規制

1856年のイギリス会社法（Joint Stock Company Act, 1856）が制定される以前のイギリスにおいては，企業は，議会もしくは王室の勅許によってのみ，有限責任の便益を教示することができた。イギリスにおいて，有限責任を認めた最初の法律は，1855年有限責任法（Limited Liability Act, 1855）である。この法律では，有限責任の要件として，10ポンド株（20株以上払込）の株式を所有する25人以上の株主がいること，資本金の3/4以上の株式申し込みがあること，会社商号の末尾にLimitedの文字を付与すること，会社の監査役が商務院に承認されることが規定されていた。しかし，この法律はわずか数ヶ月

118）渡邉　泉『損益計算書の進化』森山書店，2005年，120ページ。

で廃止され，新たに1856年会社法が制定された。この法律では，1855年の有限責任法に規定されていた払込資本の最低限度額，監査役に関する規定は削除されている[119)]。初期のイギリス鉄道会社は，議会で認可された個別法によって規制されていた。たとえば，1833年のLondon and Birmingham鉄道の個別法の会計に関する規定では，すべての現金収支を記録する真実で正確な（true and correct）計算書を作成すること。この計算書には，個別法で定められた期間の収入，および鉄道の設立，維持，運輸に必要な支出，さらにその他の収支を記録すること。同計算書は，10株以上を所有する株主の閲覧に供するため，株主総会の14日前に作成し，半期ごとの株主総会において開示すること。配当は利益から行うことなどが定められていた[120)]。

この有限責任の導入は，特に初期鉄道会社において，投資活動を活発にし，イギリス経済成長の原動力となった。最初に蒸気機関車を使用した1825年のStockton and Darlington鉄道の開通は，より商業的に重要なLiverpool and Manchester鉄道の開通を導いた。M. C. Reedは，これによって，1835年前後の鉄道投資は，新たな段階を迎えたと指摘する[121)]。また，J. R. Edwardsは，初期の鉄道会社はコンソル公債の3％を上回る配当を約束し，鉄道会社はこの時期における資本市場での大規模な投資が可能な唯一の企業であったと述べている[122)]。ロンドンの証券市場での鉄道株取引の増大は，数多くの地方証券市場の開設を導くこととなる。しかし，1836年からの鉄道マニアは，翌年のアメリカの銀行恐慌の影響を受けて収斂し，この過程で鉄道会社設立にあたっての重役たちの不法行為や放漫経営によって，出資者は多大な被害を受けることとなった。そこで，この実態を調査する目的で，1843年に下院でGladstone委員会が設立され，翌年に出された報告書[123)]をベースとして，鉄道会社に

---

119) L. C. B. Gower, *The Principles of Modern company Low,* 1957, pp.47-48.
120) *An Act for making a Railway from London to Birmingham,* 6th May, 1833.
121) M. C. Reed, *Investment in Railway in Britain, 1824-1844,* 1857, pp.3-4.
122) J. R. Edwards, *A History of Financial Accounting,* 1989, p.123.
123) H. Pollins, "Aspects of Railway Accounting before 1868," in A. C. Littleton and B. S. Yamey, eds. *Studies in History of Accounting,* 1956, pp.337-338.

対する一般規制法である1844年の鉄道規制法（Regulation of Railway Act, 1844）が制定されることになる。この法律では，10%の配当制限を設けると同時に，これを上回る配当を行った鉄道会社に対しては，運賃の改定を政府が命じるか，当該鉄道会社の買収権を政府が持つことになると規定されている。また，同法では，2名以上の取締役による監査を受けた収支計算書と勘定残高計算書（貸借対照表）（Statement of Balance of such Account）の提出を要求している。このように，同法は，鉄道の公共性を基盤として，配当の規制と取締役の不正行為を防止するため，政府への報告義務を明確にしたもので，収支計算書および貸借対照表とそれにともなう会計監査を義務づけたことは，その後のイギリスにおける会計の制度的な特徴を形作ったものとして認識できるものである[124]。

一方，政府は主導的に鉄道全体を管理するための規制を行うため，1840年に鉄道委員会（Railway Department of Board of Trade）を設置した。しかし，当該委員会は，財務報告と開示に関する問題をその権限の中に含んでおらず，結局，このような問題は個別法に委ねられていた。1844年から始まる第2の鉄道マニアは，さらに多くの鉄道建設投資が行われている。この鉄道マニアは1846年から1847年にピークを迎え，この2年間だけで，1843年までの鉄道建設よりも多くの鉄道が建設された[125]。1844年からの鉄道マニアでは，イギリスにおけるほとんどの産業が関連し，また，多くの市民を巻き込んだ投機熱が国内を席巻した。鉄道マニアの最盛期である1844年から1846年には，2億1,260万ポンドの鉄道建設が認可されたが，6,070万ポンドは実際には建設されなかったという指摘もある[126]。

124）1844年鉄道規制法に関して，中村萬次教授は「*Laissez-faire*の名において，私的資本の利潤を追求しようとする鉄道側の不満は避けがたく，多くの非難が集中し，実行は不可能であった」と述べている（中村萬次『英米鉄道会計史研究』同文舘，1991年，113ページ）。

125）F. Oellsnerによれば，1845年7月16日の1日だけで，資本総額1,340万ポンドを有する365の鉄道会社が認可され，600マイルの鉄道建設が認可されたことが指摘されている（F. Oellsner, *Die Wirtschaftskrisen Erster Bond: Die Krisen in Vormonopolstshen Kapitlismus*, 1953. 千葉秀雄訳『経済恐慌－その理論と歴史－』大月書店，1955年，259ページ）。

1847 年の恐慌によって，2 度目の鉄道マニアは収束し，鉄道株式の株価は下落し，新設鉄道の収入は減少していった[127]。その結果，鉄道株式の株価はいっそう下落していくことになる[128]。政府は，鉄道に対する規制を強め，1845 年の鉄道条項統合法（Railway Clauses Consolidation Act, 1845）の制定など鉄道に対する一般規制法の強化[129]を試みるが，実効が得られず，鉄道経営者の不正行為防止と会計監査の強化を目的とした法改正のため，1849 年に鉄道会計監査委員会（Select Committee on Audit of Railway Accounts, 1849）を上院に設置する。この委員会は Monteagle 委員会と呼ばれ，1849 年の 3 月と 5 月に公聴会記録を公表し，同年 6 月に最終答申を提出している。当該報告書では，鉄道規制法の欠陥は鉄道における統一会計制度がないことであり，会計の統一化が必要であると勧告している。

この勧告による貸借対照表は，現金主義におけるすべての勘定の残高を示す勘定残高一覧表で，資本勘定や収益勘定はその明細書という位置づけである。

---

126) F. Oelsner, Die Wirtsshaftskrisen Erster Bond: Die Krisen in Vormonopolstshen Kapiflismus, 1953 千葉秀雄訳『経済恐慌－その理論と歴史－』大月書店，1955 年，261-262 ページ。

127) Michael von Tugan-Branowsky は，1847 年の恐慌の最も重要な原因の一つは，鉄道建設によるイギリス資本の固定資本化にあると述べている（ツガン・バラノフスキー　救仁郷繁訳 『新訳　英国恐慌史論』1972 年，127 ページ）。

128) T. Took の指摘するところによれば，1849 年 12 月時点で，イギリス鉄道建設投資額と鉄道株式時価総額の差は，1 億 2,000 万ポンドに及び，これが鉄道株主の損失額であると述べている（T. Took, *History of Prices,* London, 1838. 藤塚知義訳 『物価史』第 5 巻，岩波書店，327 ページ）。

129) 1845 年の会社条項統合法（Companies Clauses Consolidation Act, 1845）では，以下のような会計に関する規定がある。
第 115 条，営業上の現金収入および現金支出は，完全かつ真実な会計記録（full and true accounts）を作成すべきこと。
第 116 条，すべての現金収支について記録を行い，現金収支計算書を作成すべきこと。会社の貸借対照表作成日における資産，負債，資本金の真実な計算に基づいて正確な貸借対照表を作成すべきこと。また，前半期報告に引き続き発生した取引について，明確な損益計算書を作成すべきこと。
第 120 条，取締役は，株主総会に提出する損益計算書を予め作成しなければならない。
第 121 条，資本からの配当を禁止し，債権者等の承諾なしに，配当は会社の資本金を削減して支払ってはならない。

さらに，優れた会計組織を持つ鉄道として，当時の大鉄道であった London and North Western 鉄道をあげ，この会計組織を参考にして，議会勘定（Parliamentary Account），資本勘定（Capital Account），収益勘定（Revenue Account），一般貸借対照表（General Balance Sheet），配当宣言案（The Scheme），減価償却基金および準備基金（Depreciation and Reserve Fund）などの会計諸表が必要であるとした[130]。これらの内容に関しては，鉄道会社の反対が強く，法律制定までには至らなかった。しかし，1866 年の金融恐慌[131]によって打撃を受けた金融資本を保護するために制定された，1868 年の鉄道規制法（Regulation of Railway Act, 1868）によって資本勘定，収益勘定，一般貸借対照表を基軸とする公表会計制度すなわち複会計制度として鉄道会社の統一会計制度が明示されることになる。

130）*Third Report from the Select Committee of House of Loads appointed to Consider "Whether the Railway Acts do not require Amendment, with a View of providing for a more Effectual Audit of Accounts, to guard against the Application of Funds of such Companies to Purpose for which they were not Subscribed under the Authority of the Legislature," and to Report Thereon to the House: together with the Further Minutes of Evidence,* 18th June 1849, pp.1-20.
なお，1849 年上半期の The London and North Western 鉄道で開示されていた財務 諸表は以下のものである。
Statement of The Joint Stock Capital
Statement of The Capital Account および Detail of Expenditure Referred to in The Capital Statement
Statement of The Revenue Account および Detail of Charges Referred to in The Revenue Statement
General Balance Sheet
Renewal of Rail Account
（London and North Western Railway, *Half-Yearly Report and Account,* 30th June, 1849）

131）当時の投資雑誌である *Banker's Magazine* の 1867 年の記事には，1866 年の恐慌の最大の原因は，不健全で巨大な鉄道会社とその建設者である「金融」であると論説している（"The Financial History of the Year 1866 − Railway − Banks − Money Market," *Banker's Magazine*, No.22, May, 1867, pp.826-840）。

Ⅲ　イギリス鉄道会計における発生主義会計

初期の鉄道会社では，現金主義会計のもとで，会計諸表が作成されていた。初期の鉄道会社が現金主義会計を採用していたのは，当時の鉄道会社の状況が反映している。

第1に，先行する運河会社の会計システムを継承している点である。運河会社は，基本的に運輸業務は行わず，運河施設を保有して通行料を徴収するという経営形態であった。したがって，運河会社における収支の中心が，通行料という現金収入と施設の修繕費などの現金支出で構成されていたため，現金のフロー管理がその中心で，これによって裏付けられた配当可能利益計算が運河会計に要請されていた[132]。初期の鉄道会社でも，運河会社と同様に鉄道施設を保有して，運輸業務を行わない経営形態の会社が数多く見られる[133]。しかし，徐々にこの経営形態は見られなくなり，自ら輸送を行う経営形態に移行していくことになる。鉄道会社が運河会社の会計報告を継承していく基底には，株式会社としての資本調達形態の同質性や，調達した資本の運用形態の同質性がある。重要な点は，運河会社が経験した経済状況の変化や株主の構造変化に対応する財務諸表開示の方法が，経営形態の類似した鉄道会社によって継承され，精緻化されていくことである。

第2に，イギリスにおいては，伝統的に現金主義によるチャージ・ディスチャージ会計によって利益計算が行われていて，19世紀までは多くの企業において，チャージ・ディスチャージ会計が採用されていたという指摘もある[134]。

132）村田直樹『鉄道会計発達史論』日本経済評論社，2001年，125ページ。

133）運河会社の経営形態は，鉄道会社の経営組織にも影響を与えている。たとえば，The London and Birmingham 鉄道では，財務部門と営業部門がはっきりと分割され，これが複会計制度の資本勘定と収益勘定という財務諸表に投影されている。また，同鉄道の公表会計制度に関して，J. R. Edwards は，当時の運河会社の会計報告実務を通じて分散していた会計諸表を，論理一貫した一つのシステムに作り上げたと評価している（J. R. Edwards, *A History of Financial Accounting,* 1989, p.165）。

134）G. A. Lee, “The Concept of Profit in British Accounting 1760-1900,” *Business History Review*, Spring, 1975, p.7.

図表３－１　The London and Birmingham鉄道資本勘定　1837年

CAPITAL.

Dr.

			£.	s.	d.
Dec. 31, 1837.	To Shares				
	25,000 at £100 .	£2,500,000			
	25,000 at £ 25 .	£ 625,000			
			3,125,000	0	0
	To Mortgage of Tolls. . . .		1,375,000	0	0
			£4,500,000	0	0

Cr.

			£.	s.	d.
Dec. 31, 1837.	By Stock Account for Calls £90. per Share on £100 Shares . . .	2,250,000			
	By ditto £5. on £25. Shares	125,000			
			2,375,000	0	0
	By Ditto for Mortgage of Tolls . . .	1,000,000			
	By Ditto for Debenture Bonds on security of Tolls and Calls . .	£774,767 2 9			
	By Ditto for Balance .	£350,232 17 3			
			2,125,000	0	0
			£4,500,000	0	0

STOCK.

Dr.

		£.	s.	d.
Dec. 31, 1837.	To Capital Account for Calls . . .	2,375,000	0	0
	To Ditto for Loans	2,125,000	0	0
	To Proprietors of Shares for Cash advances	54,030	2	0
		£4,554,030	2	0

Cr.

			£.	s.	d.
Dec. 31, 1837.	By Land and Compensation	612,084 1 5			
	By Works of Road and Stations . . .	3,011,346 5 2			
	By Engines and Tenders	19,866 17 11			
	By Coaches, Waggons, and Trucks . . .	80,703 3 1			
	By Miscellaneous Expenditure detailed in the general account . .	208,916 11 8			
		3,932,916 19 3			
	Less Sundries received	4,342 18 10			
			3,928,574	0	5
	By Income Account for this sum to be replaced to Stock Account . .	7,027 18 0			
	By Calls in Arrear .	20,887 10 0			
	By Debenture Bonds not issued . . .	350,232 17 3			
	By Cash . . .	247,307 16 4			
	Amount applicable to future Expenditure		625,456	1	7
			£4,554,030	2	0

(The London and Birmingham Railway Company, *Tenth Half-Yearly Meeting of the Court of Proprietors*, 2nd August, 1837 p.3.)

第３に，鉄道の生産形態も影響している。鉄道用役は生産即消費で，在庫や仕掛品をもたないため，現金主義による損益計算が適応しやすかった。

第４に，イギリスの鉄道会計が現金主義を基礎とした会計を展開したのは，鉄道会社の配当政策の問題がある。鉄道会社は建設期の初期投資や拡張期の追加投資に必要な巨額の資金を得るため，高額の配当支払が要求され，そのために，報告利益を増大するような会計政策が必要だったためである。

第５に，株主との関係がある。法的規制によって利益からの配当が義務づけられていたため，株主は資金的に裏付けられた配当源泉の明示を求めていたと考えられる。

しかし，その一方で，初期のイギリス鉄道会計において，発生主義的な会計処理が行われていた。

たとえば，1837年上半期のLondon and Birmingham鉄道において公表された資本勘定（この財務表は過渡期のもので，Capital勘定とStock勘定に分割表示されている）では（図表3－1），Stock勘定借方に表示される払込資本額455万4,030ポンド2シリングは，実際現金払込額を示しているわけではない。Capital勘定から振り替えられたStock勘定のコール237万5,000ポンドは，100ポンド株に対する90ポンドのコールと25ポンド株に対する5ポンドのコールがすべて払い込まれた場合の金額で，実際払込金額は一般収支計算書（General Account of Receipts and Disbursement）の収入の部235万5,112ポンド10シリングに表示されている。両者の差額はStock勘定の貸方に，未払のコール2万887ポンド10シリングが表示されている。同様に負債にも差額があり，この金額は貸方に未発行社債35万232ポンド17シリング3ペンスが掲記されている。

Stock勘定貸方は，上部に資本的支出が列記されているが，下部には，上述した項目のほかに，一般収支計算書の現金残高24万7,307ポンド16シリング4ペンスとStock勘定に返済されるべき損益勘定の額7,027ポンド18シリングの項目がある。これら未払のコール，未発行社債，現金残額，欠損補填を合計して，将来の支出に充当できる金額として62万5,456ポンド1シリング7ペンスを掲記している。

このように資本的収支の勘定に未収の項目を入れることは，厳密な意味での現金主義会計ではないが，配当可能利益計算の基軸は，現金主義にあった。このような処理の背景には，London and Birmingham鉄道は非常に高い建設費で建設され，同期から，一部開通した区間の運賃収入を損益計算書に記載し，これを含めた上で残りの建設費に充当できる金額を明示する必要があったのである。

London and Birmingham鉄道の発生主義会計に関する重要な事象が，1838年上半期の財務諸表にみられる。それは，車輛の減価償却のための準備基金（Reserve Fund for Depreciation）の設定と，損益勘定に減価償却費を計上することである[135)]。初期の鉄道会社では，財務報告に際して，減価償却の会計処理

135) The London and Birmingham Railway, *Tenth Half-Yearly General Meeting of the Court of Proprietors*, 21st August, 1838, pp.1-3.

図表3－2　The London and Birmingham鉄道収益勘定と車輌減価償却準備金勘定　1838年

Dr. REVENUE ACCOUNT, Cr.

Six Months, ending December 31st, 1838.

December 31st, 1838.	£.	s.	d.	£.	s.	d.
To Maintenance of Way between London and Tring, from 17th Sept.	7,175	14	4			
To Locomotive Account, viz.— Coal, Coke, Repairs, Salaries, Wages, Oil, Tallow, Waste, and Incidental Charges	16,091	5	1			
To Carrying Account, viz.— Salaries, Wages of Police, Porters, &c. Stationery, Repairs, Gas, Oil, and Tallow	25,538	3	5			
Mileage Duty	8,816	9	4			
To General Charges, viz.— Engineering, Law Charges, Advertizing, Printing, Direction, Office, Salaries, Secretaries, Clerks, and Sundries, (including Travelling)	14,983	16	1			
				72,605	8	3
To Reserve for Depreciation of Stock, viz.—						
Locomotive Stock	5,007	0	0			
Carrying do.	6,305	0	0			
				11,312	0	0
To Interest on Loans from 17th Sept.				33,854	15	5
Balance				116,458	18	4
				£234,931	2	0

December 31st, 1838.	£.	s.	d.	£.	s.	d.
By Receipts, viz. Passsengers, Parcels, Mails, and Merchandize	219,973	8	0			
Deduct for intermediate Coaching	16,558	4	7			
	203,415	3	5			
By Interest on Cash Balances from 17th September	961	19	4			
				204,377	2	9
By Balance of Revenue Account to 30th June				29,853	19	3
				£234,231	2	0

Dr. RESERVE ACCOUNT, for Depreciation of Stock, (*Dec.* 31*st*, 1838.) Cr.

To Balance	£16,812

	Locomotive.	Coaching.	Total.
By Reserve, June 30, 1838	£3,500	£2,000	£ 5,500
By „ December 31,	£5,007	£6,305	£11,312
	£8,507	£8,305	£16,812

(The London and Birmingham Railway Company, *Eleventh Half-Yearly General Meeting of the Court of Proprietors*, 1st February, 1839 p.3.)

を配当後の剰余金から引き当てるという方法で処理していた。現金主義を基本とする鉄道会計では，引当金に相当する現金が存在し，一般にこれらは銀行預金とされた[136]。London and Birmingham鉄道では，1838年上半期に車輌の減価償却準備金5,500ポンドを設定し[137]，同年下半期の財務諸表において，収益勘定借方に車輌減価償却費として機関車（Locomotive）5,007ポンド，貨車・客車（Carrying）6,305ポンドを計上している。この金額は，車輌減価償却準備金勘定の貸方に掲記されている（図表3－2）。

この減価償却準備金は，半年ごとの収入に対して費用負担を均等にして，車輌の有効かつ統一的な維持を行うために，実際原価を基礎として，半年ごとに5%の規則的な減価償却を行うと説明されている。London and Birmingham鉄道が，このような会計処理を行う基盤には，同社の財務構造の問題がある。莫大な資金を必要とする鉄道会社では，株式が分散し，機能資本家と無機能資本家に株主層の分化が顕著になっていった。長期的な資金を提供する機能資本家にとって，長期的に使用される車輌等の資本財の有効かつ統一的な維持は重要な問題であった。しかし，その資金需要から，高配当を求める投機的な株主を無視できず，両者の利害調整のため多様な配当政策が必要であった。London and Birmingham 鉄道は開通以後，比較的順調に運賃収入を得ていたため，株主が安定しており，機能資本家は，次期以降に受け取るべき配当の一部を，当期の投機的株主に奪われることを危惧し，発生主義的な減価償却の会計処理を選択したのである。このような処理方法は，鉄道会計が現金主義会計から発生主義会計へ転換する第一歩となった[138]。

Ⅳ　現金主義会計から発生主義会計への移行

S. McCartney と A. J. Arnold によれば，イギリス鉄道会計が現金主義から発生主義にシフトするのは，1840 年から 1850 年にかけてで[139]，J. R. Edwards は，その代表として，当時のイギリス最大級の鉄道である London and North

---

136) 村田直樹『鉄道会計発達史論』日本経済評論社，2001 年，134 ページ。

137) 1841 年に株主総会において，減価償却準備金の説明を求められた当時の社長である G. C. Glyn は，減価償却準備金は数多くの会社で採用されている。会社の車輌の価値に対して避けられない減価に備える目的で，半期ごとの利益の一部を充当し，車輌購入の際の投下資本の一定割合を半期ごとの利益から留保し，資本勘定から同額が償却されることになると説明している（The London and Birmingham Railway, *Extract Report of the Proceeding of the General Meeting*, 13th August, 1841, p.1.）。

138) J. R. Edwards は，1840 年下半期の The North Midland 鉄道や 1841 年上半期の The Manchester and Leeds 鉄道の未払利息等の会計処理を分析して，1840 年代初頭のほとんどの鉄道会社は，純粋な現金主義会計ではなく，通常，半発生主義会計（partial accruals accounting）と呼ばれるシステムを採用していたと述べている（J. R. Edwards, *A History of Financial Accounting*, 1989, p.165.）。

139) S. McCartney and A. J. Arnold, “Financial reporting in the context of crisis; reconsidering the impact “mania” on early railway accounting,” *The European Accounting Review*, Vol.11, No.2, 2002, p.408.

Western 鉄道をあげている[140]。London and North Western 鉄道は，1846 年に，上述した London and Birmingham 鉄道と Grand Junction 鉄道さらに Manchester and Birmingham 鉄道の合併によって成立した鉄道である。1860 年代には，雇用者数 2 万人に及ぶ大鉄道に成長している。London and North Western 鉄道は，当時最も優れた経営組織を持つ鉄道とされていた。会長，副会長のほか，30 名の取締役が取締役会を構成していた。この取締役会は月に一度開かれ，取締役会の下にいくつもの委員が設置されていた。たとえば，取締役会で審議すべき事項をチェックする特別委員会や会社全体の現金収支を統括する会計委員会，建設工事や保線および修繕を承認する路線委員会などが設置されていた。さらに，Crew 機関車工場，Wolburton 客車工場，Arlestown 貨車工場の委員会，賃率策定委員会，債権・債務委員会，現業部門の運輸委員会とその下に 23 の小委員会が設置されていた。全線区は 10 の線区に分割され，線区長の下に駅長や貨物主任が配置されていた。これらの運輸部門の責任者はジェネラル・マネージャーで，10 の線区を統括した。また，すべての費用は，取締役会の承認を得た予算によって，取締役の承認なしには支出が認められないことが原則であった。各線区においても，少額の支出は線区職員の責任においてなされるが，毎月，報告書を提出して会計委員会の承認を受けなければならなかった。また現業部門においても，通常の保線および修繕以外の工事に関しては，取締役の承認がなければ着手できなかった。

イギリス鉄道会計における現金主義会計から発生主義会計への転換に対して，London and North Western 鉄道が重要な役割を果たしたことに関して，T. R. Gourvish は，鉄道マニア以後，大規模化していく鉄道会社が競争や 1845 年の鉄道条項統合法による運賃規制の中で，労働力の分散と固定資本比率の増大に悩まされており，また一般大衆の鉄道会社に対する悲観論的評価から，会社の状態を示すより詳細な会計報告が要求された，と述べている。さらにこの時期から，より論理的な統計的分析による減価償却基金の設定は，輸送業務に対

140) J. R. Edwards, *A History of Financial Accounting*, 1989, p.168.

する長期の見積原価に大きな効果があった。また，この問題に最初に挑戦したのが London and North Western 鉄道であったと指摘している[141]。

London and North Western 鉄道において，車輛および路盤の減価償却基金が設定されるのは，1847 年の上半期からである。この減価償却基金の設定に関しては，取締役会で盛んに議論され，数多くの反対意見が出されている。しかし，当時のジェネラル・マネージャーである M. Huish は，この問題に対して，取締役会と特別委員会に一連の報告書[142]を提出した。M. Huish は，減価償却が費用項目として重要な項目であり，配当可能利益に大きな影響を与えるという認識に立ち[143]，現金主義による減価償却基金会計を批判している。一般に，車輛は耐用年数が経過すると車輛の価値はなくなると考えられ，車輛の取得原価は耐用年数に渡って配分され，その配分額が減価償却費として測定されるのであるが，耐用年数は測定が困難で，当該年度の負担で修繕と取替をする方が合理的であると主張する。M. Huish の結論は，車輛の損耗に対する資金あるいは引当金は，企業の創業時には必要なものであるが，輸送量の増大あるいは技術革新の進展している時期や支線の拡大期にはそれ程必要なものではなく，現在の London and North Western 鉄道は，車輛設備の効率性を維持する能力があるので，資金を設定する必要ないというものであった[144]。したがって，1847 年下半期に利益から控除された 3 万 400 ポンドの減価償却準備基金は根拠がなく，この金額は剰余金に属するものであるから，当該勘定の借方に再振替すべきであるとしている。この勧告を受けた取締役会は，1848 年上半期の決算で修正計算を行い，一般貸借対照表の借方に 12 月 31 日付機関車及び車輛の減価のために誤って控除した金額（To Amount Deducted in Error, 31st

141）T. R. Gourvish, *Mark Huish and the London and North Western Railway: A Study of Management,* 1972, p.148.

142）The London and North Western *Railway, Report to the Directors of London and North Western Railway on Present Condition of their Moving Stock, June 1848. Report to the General Works Committee on the Present Condition of the Permanent Way,* April, 1849.

143）M. Huish, *On Deterioration of Railway Plant and Road,* 1849, pp.4-5.

144）M. Huish, *On Deterioration of Railway Plant and Road*, 1849, pp.24-25

図表3－3　The London and North Western
鉄道一般貸借対照表　1848年

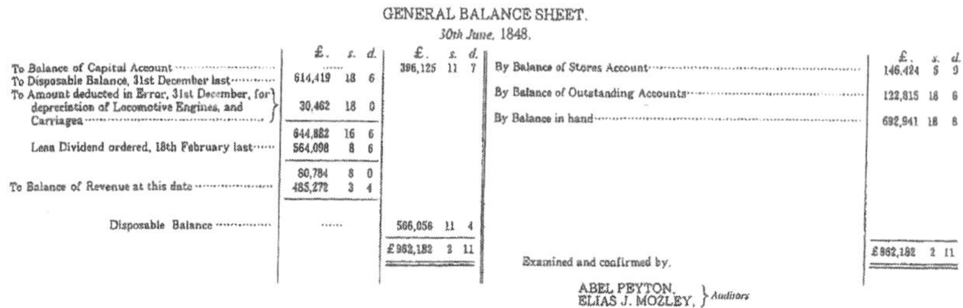

GENERAL BALANCE SHEET.
30th June, 1848.

	£.	s.	d.	£.	s.	d.
To Balance of Capital Account	......			396,125	11	7
To Disposable Balance, 31st December last	614,419	18	6			
To Amount deducted in Error, 31st December, for depreciation of Locomotive Engines, and Carriages	30,462	18	0			
	644,882	16	6			
Less Dividend ordered, 18th February last	564,098	8	6			
	80,784	8	0			
To Balance of Revenue at this date	485,272	3	4			
Disposable Balance	......			566,056	11	4
				£962,182	3	11

	£.	s.	d.
By Balance of Stores Account	146,424	5	9
By Balance of Outstanding Accounts	122,815	18	6
By Balance in hand	692,941	18	8
	£962,182	2	11

Examined and confirmed by,
ABEL PEYTON, ELIAS J. MOZLEY, } *Auditors*

(The London and North Western Railway Company, *Report and Accounts*, 1848, p.1.)

December, for depreciation of Locomotive Engines and Carriers）3万462ポンド18シリングを計上している（図表3－3）。

このようにM. Huishは，発生主義会計に基づく費用配分を基礎とする減価償却費の計上を理解した上で，発生主義会計を導入するのではなく減価償却準備基金の設定を否定して，これを廃止しようとした。これは，多くの鉄道がそうであったように，現金主義会計から，発生主義会計への転換は，現金主義では計上する必要のない減価償却費や繰延費用項目を計上することで，配当の原資を失うことをおそれたからである。当時のThe London and North Western鉄道は4–5%の配当を維持しており，良好な投資先としての評価が定着していた。

しかし，1847年の恐慌を経て1850年代にはいるとこのような配当率を維持することが困難になっていく。そのような状況下で，M. Huishは，レールに対する更新基金を設定すべきであるという見解を表明する。車輛の廃頽は当該年度の修繕費および部分的取替によって，その最大市場価値を維持することができるとしたが，レールは修繕が不可能で，同時的かつ均等に使用されるため統一的に損耗するので，一定期間ごとに更新のための準備金が必要であると主張する[145)]。レールの更新勘定は1847年以降計上されるが，1856年下半期の監査報告書によってこの基金に支出された76万2,505ポンドのうち，23万7,358ポンドは更新のためではなく，改良（improvement）のための支出であるから，資本勘定にチャージすべきであるという批判を受けている[146]。このような M. Huish の会計政策は，常に対立する株主層，すなわち機能資本家と無機能資本家の利害調整を意識して，経営管理者として財務政策側面から会計処理を検討したものである。1850 年上半期の株主総会では，5% 配当か 5.5% 配当かで，株主間の議論が沸騰し，採決の結果，僅差で 5% の配当案が承認されている[147]。また，1857 年上半期の株主総会では，取締役会の提案する 2.15% の配当案に対して，株主から 3% の配当という案が出され，この修正案が承認されている[148]。このように，株主間の利害の対立は，配当の問題に顕著に表れ，両者の調整のため柔軟な配当政策が必要とされた。特に配当可能利益計算に影響する減価償却の会計処理は重要な意味を持っていたといえる。これらの点は，経営者が発生主義会計の重要性を理解していたにもかかわらず，車輌とレールを区別し車輌の減価償却を廃止して，レールの更新基金を設定するといった会計処理を行う基底にある。

---

145) M. Huish, *Report to the London and North Western Railway Company of the Present Condition of their Moving Stock, with Remarks on the Nature and Necessity of a Depreciation Allowance,* June, 1848. M. Huish and R. B. Dockray and R. S. Norris and H. Woodhouse and J. E. M. Connel and F. Trevihick and J. Ramsbottom and E. Wato, *Report to the General Works Committee, on the Present Condition of the Permanent Way; with Remarks on the Nature and Extent of a Fund for Deterioration, and on the Principles of Relaying and Maintaining the Road,* August 1849.
この会計実務に対して，当時の中心的鉄道雑誌である *Herapath's Railway Magazine and Journal* の編集者は，これは減価償却を鉄道のある財産から，他の財産まで持ち込んだ愚行であると論評している（"Railway Renewals and Depreciation," Herapath's Railway Magazine and Journal, 1850, p.904.）。

146) The London and North Western Railway Company, *Nineth Half-Yearly Meeting of the Court of Proprietors,* 15th August, 1850.

147) The London and North Western Railway Company, *Nineth Half-Yearly Meeting of the Court of Proprietors,* 15th August, 1850.

148) The London and North Western Railway Company, *Twenty-Third Half-Yearly Meeting of the Court of Proprietors*, 14th August, 1857.

V 1840-1850 年代イギリス鉄道会社における財務報告

初期の鉄道会社における財務報告実務は，公的な規制が不十分であったこともあり，非常に多様な報告実務が存在する。さらに報告様式の変化の速度も速く，その精緻化の過程が会計実務の発達に多大な影響を与えたことが，多くの会計史研究によって論証されている。J. R. Edwards は，このような初期の鉄道会社を巡る報告実務の発達が，投資家の意思決定有用性の要求に起因しているとしている[149)]。さらに，1845 年からの鉄道マニアによる株主信用の崩壊に対応するため，政府の介入を避け，より多くの情報の開示と，現金主義から発生主義への報告の基礎概念の変更とによって，これに対応した。特に，1848 年下半期の London and North Western 鉄道の決定は，その後の他の鉄道会社の会計実務に多大な影響を与えたとしている[150)]。それは，すべての信用取引と一般貸借対照表の公表に発生概念を使用したことであると指摘する[151)]。たしかに，London and North Western 鉄道において，1847 年の恐慌以後，公表される財務諸表の量的な拡大が見られる。具体的には，一般貸借対照表，資本勘定の明細表と収益勘定の明細表の追加，車輌等の現状報告等が追加され，公表されている。しかし，上述したように，その内容を詳しく検討してみると，必ずしも現金主義から発生主義への転換が一気に行われたわけではない。この点に関して，S. McCartney と A. J. Arnold は 1840 年から 1855 年までのイギリスの主要 14 鉄道会社をサンプルとして，財務報告の質と量の変化を追跡している[152)]。彼らは，1840 年，1845 年，1850 年，1855 年の資本勘定，一般貸借対照表，収益勘定の開示数を調査し，1845 年から 1850 年にかけてこれらの

149) J. R. Edwards, *A History of Financial Accounting,* p.168.
150) たとえば，1849 年下半期の The Midland 鉄道の株主総会において，同期の財務諸表について，議長は The London and North Western 鉄道の会計システムをモデルとして作成したと言明している（*Railway Times,* 8th September, 1849, p.923.）。
151) J. R. Edwards, *A History of Financial Accounting,* pp.168-169.

諸表の開示数が飛躍的にのびる点を指摘する[153]。特に一般貸借対照表は，この時期から開示する鉄道会社が出てきている点は注目すべきことである。一般貸借対照表は，一般に鉄道会社が公開する財務諸表の末尾に掲載され，現金主義によって計算される諸勘定の残高一覧表として，諸勘定を統括するものであった。1845年の鉄道条項統合法で，鉄道委員会に提出すべき財務諸表として，収支計算書とともに掲げられている勘定残高計算書（statement of the balance of such account）とはこれを指している[154]。一般貸借対照表の生成は，鉄道会計に先行する運河会計に求めることができる。運河会社では，施設の完成にともない資本勘定を閉鎖し，収益勘定が公開されていたが，これでは運河会社の財政状態が明確にされず，資本調達の過程で多額の負債を抱え，収益勘定において利益が計上されていても，その返済との関係で会社自体の存続基盤を脅かすような事態が発生したため，株主がこれに関連する会計情報の開示を要求したことがその出発点となっている[155]。1847年の恐慌が鉄道会社における一般貸

---

152) S. McCartney and A. J. Arnold, "Financial reporting in the context of crisis; reconsidering the impact "mania" on early railway accounting," *The European Accounting Review,* Vol.11, No.2, 2002, pp.401-417. なお，サンプルとなった主要14鉄道会社は以下のものである。
The Biristol and Exeter 鉄道
The Eastern Counties 鉄道
The Great Western 鉄道
The Lancashire and Yorkshire 鉄道
The London and Birmingham 鉄道
The London and North Western 鉄道
The London and South Western 鉄道
The London, Brighton and South Coast 鉄道
The Manchester and Leeds 鉄道
The Midland 鉄道
The North Eastern 鉄道
The North Midland 鉄道
The South Eastern 鉄道
The York and North Midland 鉄道

153) S. McCartney and A. J. Arnold "Financial reporting in the context of crisis; reconsidering the impact "mania" on early railway accounting," *The European Accounting Review*, Vol.11, No.2, 2002, p.409.

154) 村田直樹『鉄道会計発達史論』日本経済評論社，2001年，123ページ。

借対照表の開示に影響を与えたのは，株主信用に関して，同様の状況が存在したためである。

さらに，S. McCartney と A. J. Arnold は財務諸表の概念基礎すなわち現金主義から発生主義への変化を分析している[156]。これは，収益勘定と資本勘定の項目のなかに，発生主義を示す項目をあげ，両勘定に計上されている鉄道会社数を時系列的に調査したものである。この分析によれば，全体としては1840年から1855年にかけて，現金主義から発生主義への転換する傾向が窺える。しかし，たとえば車輌の減価償却についてみると，1840年2社，1845年4社，1850年6社，1855年2社と変化する。ここでは個別の鉄道会社の状況が示されているわけではないので，たとえばLondon and North Western鉄道のように1845年から1850年にかけて車輌の減価償却準備金の設定をやめてしまった鉄道もあれば，新たに設定を開始した鉄道もあると考えられる。しかし，重要なことは，各鉄道会社が減価償却の会計処理に関して比較的柔軟に対応したということである。

Ⅵ　金融資本主義と会計

以上考察してきたように，1845年からの鉄道マニアとそれに続く1847年の恐慌を契機として，イギリスの鉄道会社は株主信用の回復を意図して，株主の要求に応える形で，公表する財務諸表をより詳細にし，量的な拡大を図った。具体的には，資本勘定，収益勘定，一般貸借対照表を公開する鉄道会社が増え，すでにこれらを公開している鉄道会社でも，その明細表を添付する会社が増大した。しかし，開示する財務諸表作成の基礎となる現金主義あるいは発生主義の問題は，一般に説明されるように1844年からの鉄道マニアを通して，鉄道

155）村田直樹『鉄道会計発達史論』日本経済評論社，2001年，121ページ。

156）S. McCartney and A. J. Arnold, "Financial reporting in the context of crisis; reconsidering the impact "mania" on early railway accounting," *The European Accounting Review,* Vol.11, No.2, 2002, p.410

会計が現金主義会計から発生主義会計に一気に移行したわけではない。配当利益算定と財産の保全計算を重要な使命とする初期の鉄道会計では，現金による料金収入と保全のための支出を中心に会計システムが構築されており，配当源泉の資金的裏付けが明確な現金主義会計が用いられていた。したがって，初期の鉄道会社が，現金主義会計から発生主義会計への転換をできなかったのは，現金主義では計上する必要のない減価償却費や繰延費用項目を計上することで，配当の原資を失うことをおそれたからである。

さらに，巨額の資本投資を必要とする鉄道会社は，広く一般大衆からの投資を必要とした。したがって，鉄道会社における株主層は分化した。すなわち，配当額よりも資本の永久価値に関心を持つ永久的投資的株主と，永久的価値には関心がなく現在の配当額に注目する一時的投機的株主である。前者は取締役会に対して，その意向を反映させ企業の安定を願っており，後者は高配当とそれにともなうプレミアムを目的としている。特に後者の重要性は，鉄道会社を取り巻く経済環境の変化にしたがって変化したため，鉄道会社は両者の利害の調整を行わなければならなかった。したがって，鉄道会社には柔軟な配当政策が要求され，その基礎となる配当可能利益計算は多様で柔軟なものでなければならなかった。これが，現金主義から発生主義への転換が，即時的ではなく徐々にかつ柔軟に行われた理由の一つである。

株式会社である鉄道会社は，定期的な配当のため，会計期間を区切って期間損益計算を行い，配当可能利益を算定していた。初期の鉄道会社における適正な期間損益とは，株主間の公平性を基盤としている。しかし，分化した株主層のバランスは鉄道会社を取り巻く経済環境によって変化したため，機能資本家の意を受けた取締役は柔軟な財務政策を実行しなければならなかった。したがって，現金収支で記録された帳簿を決算時に修正する発生主義会計への転換を図ろうとしたのである。このような思考は現代の会計にも受け継がれ，企業会計原則の損益計算書原則一のA「すべての費用及び収益は，その支出及び収入に基づいて計上し，その発生した期間に割り当てられるように処理しなければならない」にその影響をみることができる。

アメリカにおいては，20世紀初頭に産業資本が確立し，資本主義が独占段階に入ると，資本主義の危機を反映する会計理論が導入され，単純な取引記録の簿記理論から，株式会社特有の会計理論への展開がなされる。ここで検証したイギリスの場合は，産業資本主義から金融資本主義への移行がアメリカよりも早い時期にあり，機能資本の計算を本旨とする会計から擬制資本の計算を本旨とする会計への移行が必要であり，その流れの中に，現金主義会計から発生主義会計への移行を捉えるべきである。簿記はもともと機能資本の管理・統制を勘定を通じて観念的に行う計算体系である。株式会社会計において機能資本の計算の中に擬制資本の計算が混入されてくると，機能資本の運動の個別的把握よりも，擬制化された資本すなわち持分権の測定が優先し，さらなる計画された擬制資本の拡大をもたらすことになる。

また，現代の会計は記録・測定・報告の機能のうち報告機能が肥大化し，測定に影響を与えるようになってきたとされる。しかし，鉄道会計の歴史を概観すると，同様の現象が散見される。これは株式会社会計のもつ基本的な性格として捉えることも可能であると思われる。その基底には，初期の株式会社会計である鉄道会計は，その当初から擬制資本の計算を本旨としている点にある。

第4章 保守主義の会計史

I 会計における保守主義

19世紀イギリスにおける企業の会計制度を特徴づける重要な要素として，保守主義概念がある。E. S. Hendriksenは，保守主義は19世紀イギリスの会計慣行にさかのぼるものである[157]としている。また，J. R. Edwardsは，19世紀の一般企業において，棚卸資産の評価に低価基準が採用された点を指摘し，その背景として，企業が債権者および長期的投資家の意向を反映させたこと，物価の長期的な低落傾向があったことを挙げている[158]。また，このような保守主義の会計実務への適用は，企業を取り巻く経済環境が急激に変化したときに，採用され，確立し，継続されるとしている[159]。しかし，18世紀の一般企業においてすでに，会計における保守主義の適用例を準備金の設定などに見いだすことができる。たとえば，1770年代の製鉄会社であるCarron製鉄[160]では，1779年の所得税法を背景として[161]減価償却の会計処理が行われるようになり，多くの秘密準備金（hidden reserves）が設定された。この減価償却の処理は，損益勘定残高（balance of profit and loss account）準備金を直接控除する方法が採用された[162]。1811年にStirlingの徴税官（tax collector）が同社に対

157) E. S. Hendriksen, *Accounting Theory,* 1977, p.123.

158) J. R. Edwards, *A History of Financial Accounting,* 1989, p.110.

159) *Ibid.,* pp.110-111.

160) Carron製鉄は，1760年にScotlandでパートナーシップ形態の会社として設立され，1773年に勅許（royal charter）を受け株式会社形態の勅許会社として組織変更された。資本金は1万5,000ポンドであった（R. H. Campbell, *Carron Company,* 1961, p.24.）。

161) P. K. O'brine, "British Incomes and Property in the Early Nineteenth Century," *Economic History Review,* 2nd series, Vol.12, 1956, pp.260-261.

して，なぜスケジュールD[163]の基に課税される会社の利益を下落させ種々の準備基金（reserve funds）を設けたのかという質問に対して，同社の社長である J. Stainton は，賃金の増加，材料その他の価格の上昇，さらには，蓄積された利益に対して裁判所が償却を命じるまでの，資本的支出の特定勘定（capital expenditure a special account）が必要であるためと説明している[164]。

G. O. May は，アメリカの会計制度を前提とした場合，財務諸表の用途は以下の項目があるとした上で，直接的な目的である第1グループに深く関係する保守主義の意義を説明している。第2グループは，副次的な目的を表している。

第1グループ

1. 受託経営者の報告として用いられる。
2. 資金政策の基礎として用いられる。
3. 配当の適法性を決めるために用いられる。
4. 賢明な配当決議の手引きとして用いられる。
5. 信用供与の基礎として用いられる。

第2グループ

6. 企業に投資するかもしれない人々に対する資料提供のために用いられる。
7. すでになされた投資の価値を判断する手引きとして用いられる。
8. 政府の監督を援助するものとして用いられる。

162） A. Birch, “Carron Company 1784-1822: The Profits of Industry duing the Industrial Revolution,” *Expiration in Entrepreneurial History,* Vol.8, No.2, 1956, p.76.

163） このスケジュールは，1803年の改正所得税によって，納税者所得の分割を示すものである。スケジュールDには6段階のクラスがあり，主要なものは3クラスあり，第1は，売買業者及び製造業者の所得で，課税は過去3年間の平均利益を基に計算された。ここでは営業用の建物に対する減価償却は認められなかった。第2のクラスは，自由業，従業員，僧侶の所得で，控除は一切認められず，前年度の所得に対して課税された。第3のクラスはスケジュールAに含まれない不確実な財または当該年度の価値に対するもので，例えば，運河，ドック，水道，鉱山，製鉄所，製塩所などから生じる取得とされた（中村萬次「鉄道業の減価償却会計」『産業経営研究』創刊号，1978年，151ページ）。

164） R. H. Campbell, *Carron Company,* 1961, p.24.

9. 価格あるいは料金統制の基礎として用いられる。

10. 課税の基礎として用いられる。

第1グループの諸目的について，これらのいずれのためにも，保守主義（資産あるいは所得の測定において，疑念を過少表示の方向に解決する処置として，たぶん，定義されるであろう通常の会計用語）は，主要な美徳なのである。もしも疑念が事実によって比較的有利に解決されたならば，過去の保守主義の利益は，そのときの財務諸表に反映されるだろう。これらの諸目的のための会計は，所得のすべての測定の暫定的な性格と，所得を特定の短い期間に配分する試みに付随するいっそう大きい不確実性とを認識したのであると述べている[165)]。さらに，G. O. May は，保守主義について，「それは依然として会計の第一の美徳である。保守主義を会計帳簿やそれに基づいて作成される財務諸表から閉め出して，それを脚注に追いやろうとする人々には，全く同意することはできないのである」と述べ，保守主義によってその根拠を与えられた会計実務を制度化する過程での継続性の原則の意義に触れ，継続性は，会計の第二の大きな美徳であると主張する[166)]。

この全般的な問題について明瞭になったと思われる結論は，無形資産の償却は許容されるが強制されてはいないということである。過去において，会計士は保守主義の根拠に基づいてのみ，その償却に賛成した。しかし，統制諸機関は，一方において保守主義を賞揚しながら，これにだけ基づく処理をあたかも強制的な費用賦課の認識を意味するかのように取り扱う傾向を示し，したがって保守主義の行使は，今日，過去においてよりも慎重さが足りないようである。

165）G. O. May, *Finaneial Accounting a Distillation of Experience*, 1943, 木村重義訳『財務会計』ダイヤモンド社，1957年，25-26ページ。

166）G. O. May, *Finaneial Accounting a Distillation of Experience*, 1943, 木村重義訳『財務会計』ダイヤモンド社，1957年，53-54ページ。

図表4－1 Liverpool and Manchester鉄道
1833年下半期資本収支計算書

STATEMENT of RECEIPTS and EXPENDITURE on CAPITAL ACCOUNT,
from the Commencement of the Undertaking to the 30th June, 1833.

Treasurer Dr. to —	£.	s.	d.	Cr.	£.	s.	d.
Amount of joint Capital in Shares and Loans	1,047,335	0	0	By amount of Expenditure on the Construction for the Way and the Works ……	1,059,120	1	5
Sundry receipts for old Materials and amount of Dividends not paid …………………………	1,479	14	11	In the hands of Moss & Co. Bankers ……	13,332	16	5
Nett Profits of the Concern for the half year ending 30th June, 1833……………	33,171	1	1	In the hands of the Treasurer …………	0	12	0
				Arrears of Calls ……	30	11	6
Surplus in hand after payment of the 5th Dividend in February last ………………	693	4	1	Balance of Book Debt due to the Company	10,194	18	9
	£1,082,679	0	1		£1,082,679	0	1

(Liverpool and Manchester Railway, *Report of Fifth Half-Yearly Meeting*, 25th December, 1833, p.5.)

Ⅱ イギリス鉄道会計と保守主義

イギリス鉄道会計における保守主義の適用は，偶発事故や減価償却に対する基金の設定に特徴的に現れる。初期の鉄道会社は，多発する事故に備え，一定の金額を見積り，配当支払前の利益から基金として控除した。たとえば，Liverpool and Manchester 鉄道 1833 年下半期の年次報告書には，将来の偶発事故に備える目的で，個別法に適合した金額である 4,170 ポンド 4 シリング 2 ペンスの準備基金を設定するという報告がなされている[167]（図表4－1）。

167) Liverpool and Manchester Railway, *Report of Fifth Half-Yearly Meeting,* 25th December, 1833, p.1.

168) London and North Western Railway, *Third Half-Yearly General Meeting of the Court of Proprietors,* 13th August, 1847, p.2.

図表4－2　土木技師C.Vignolesによる馬車鉄道の見積建設費1824年

土地			
会社所有	3／5エーカー		
H.W.Jones	1／4		
Pritchhards	1		
Thomas	1／2		
Lord Anglesey	2／3	£	150.0.0
17,000立方ヤードの土地の開削と基礎工事			1,116.10.0
3,250ヤードの築堤（労務費のみ）			162.0.0
164ヤードの下水渠，排水路，暗渠（同上）			20.10.0
築堤開始時の追加労働者			50.0.0
35トンの石灰（輸送を含む）			21.0.0
5,280ヤードの測道，インクライン設備，回転台など			264.0.0
85トンの18ポンド錬鉄レール（Amlwchからの輸送）			1,162.10.0
25トンの鋳鉄固定金具など（同上）			268.15.0
楔と釘			44.0.0
沿線の港からのレールや金具などの荷車輸送			6.0.0
開削からの岩などの輸送など			25.0.0
10,560個の石灰岩とその調整，穴開け，輸送			176.0.0
10,560ヤードのレールの敷設など			264.0.0
銅水を流すための山間部の水路			100.0.0
4,800ヤードの4フィートフェンス（労務費のみ）			80.0.0
15個道路各所で必要なゲート			30.0.0
インクライン設備で必要なロープ，ローラー及び機械，鉱柱，くず石捨て場，鉄板その他，追加費用，機械や家屋の移動，財産の損害，埠頭における積み出しや荷下ろしのための費用，臨時の鉄道のための棒鉄など			878.0.0
小計			4,867.15.0
偶発事故に対する引当10%			486.15.0
合計		£	5,354.0.0

N.B.　開削からの岩石は，フェンスや暗渠，道床，壁の材料としてできる限り使用する。
(C. Vignoles, *Report of Construction of a Railway*, 1828, University College Banger Archives Collection, Mona Mine MSS, 3181.)

また，1847 年上半期の London and North Western 鉄道の年次報告書では，同社の社長である G. C. Glyn が準備基金設定の目的を，一定の配当を確保するため，輸送量の変動とその他の偶発事故に対処するためであると述べている[168]。このような偶発事故に対する準備金設定の考え方は，運河建設や鉄道建設の段階からあり，議会認可を受けるための建設見積計算において，見積建設総額の 10% 程度を偶発事故に対する引当として計上することが一般化していた。たとえば，Wales 地方の Parys and Mona 鉱山の土木技師 C. Vignoles の馬車鉄道建設の見積計算[169]では，馬車鉄道の建設費 4,867 ポンド 15 シリングに対して，偶発事故に対する 10% の引当を加算して，建設費総額 5,354 ポンドを計算している（図表 4 － 2）。

初期の鉄道では，脱線や転覆あるいは火災等の事故[170]が多発し，荷主や旅客等からの損害賠償に対応するため，配当支払前に一定の金額を引当てる必要があった。そこで鉄道会社では，多発する鉄道事故に対する準備金として事故準備基金（casualty fund）が設けられた。1856 年 London and North Western 鉄道では，事故に対する労働者の保障を友愛協会（Friendly Society）[171]によるものにするか，別の基金を設けるかという問題に対して設立された The Casualty Fund and Benefit Society 委員会の報告では，事故に対するすべての損失に対して基金を設定することを原則とし，その中に労働者に対する保障も

169）C. Vignoles, *Report of Construction of A Railway,* 1828, University College Bongor Archives Collection, Mona Mine MSS 3181.

170）その象徴的な例は，世界で最初の商業鉄道である Liverpool and Manchester 鉄道の開通式に参加していた建設の中心的な人物であった Liverpool 出身の議員を含む数名が，蒸気機関車に引かれ，死亡している（小池滋『英国鉄道物語』晶文社，1979 年，13-17 ページ）。

171）初期の鉄道会社では，企業の共済組合を設立して，労働者の相互扶助を行っている。Midland 鉄道は，共済組合である友愛協会の会員の疾病に対して，週あたり 12 シリングが，死亡に対しては 12 ポンドが支給された。退職した場合でも，その後 5-7 年間は，会員を継続した場合には，疾病に対して 10 シリング，死亡に対しては 10 ポンドが支給され，退会した場合でも 25% が支給されることになっていた（Midland Railway Company, *Friendly Society Rules,* 1870.）。

172）London and North Western Railway Company, *Report of the Casualty Fund and Benefit Society to the Board,* 11st October, 1856.

含めるとした[172]。このような偶発事故に対する基金(Fund for Contingencies)は，鉄道会計における保守主義の特徴で，鉄道会社の認可法の中には，偶発事故準備金の設定を定めたものもあった。初期のイギリスの鉄道会計は現金主義会計を原則としていたので，準備基金の会計処理は，当期利益計算後，その利益から現金資金を留保するか，あるいは当期利益計算前に現金資金を留保する方法がとられた。また，ごく少数の鉄道会社では，一般費に計上して費用として取扱う発生主義的な方法も存在した[173]。しかし，基金の計上基準は重役たちの裁量に任されていたのである。

Ⅲ　アメリカ鉄道会計と保守主義

アメリカ鉄道においても，減価償却等に対する引当が行われた。たとえば，Boltimore and Ohio 鉄道 1838 年の年次報告書には，Washington の支線の損益計算書の末尾に，5% 配当を 7 万 5,000 ドルで行った残りの剰余金である 13,772 ドル 3 セントを路線及び車輛等の使用による減耗（wear and tear）を補填するために留保するという報告がなされている[174]。この時，当該支線の建設費は予定した建設費を上回って支出されており，期間利益が利子及び配当支払に充てられ，その残余によって減価償却のための引当が計上されている。Boltimore and Ohio 鉄道においては，減価償却は利益処分の一項目として取り扱われている。また，馬匹及び馬具の減価償却も見積もられており，1833 年の年次報告書に添付された 7 月 12 日付けの監査報告書には馬匹及び馬具の使用による減耗として 2,800 ドルを見積もると記載されている[175]。

アメリカ鉄道における保守主義適用の事例は，中村萬次教授も指摘するように，Pennsylvania 鉄道の J. E. Thomson の行った財務政策があげられる。J. E.

173）中村萬次『英米鉄道会計史研究』同文舘，1991 年，191 ページ。
174）*Annual Report of the Baltimore and Ohio Railway Company of 1838,* p.70.
175）*Annual Report of the Baltimore and Ohio Railway Company of 1833,* p.29.
176）中村萬次『米国鉄道会計史研究』同文舘，1994 年，7 ページ。

Thomsonが「南北戦争期においてさえ諸資材や労働力を半額で購入し，建設勘定のコストを節約し，当時多くの鉄道が行っていた施設の水増や，擬制的な価値の勘定への付加を排除するとともに，他の鉄道を支配するための投資証券の低価購入を行った。また，事故に備えて偶発準備金を設定していた」[176]ことをあげ，アメリカ鉄道に対する保守主義の要請を明らかにしている。

また，1884年Union Pacific鉄道の年次報告書には，一般損益計算書（General Income Account）において計算された営業利益（Surplus from ordinary Operations）263万9,341.22ドルから，次表において郵便輸送の未収利益の償却，車輛勘定及び資材勘定の償却，Ames記念像の原価に対する償却，年間の車輛の減価償却額（パルマン特別車輛に対する減価償却引当金で車輛原価の年15% 4万7,140.98ドルである[177]），Topeka製鉄の550株の原価の償却，1883年Leavenworth, Topeka & Southwestern鉄道の乗車券の前払い金の償却等を控除している[178]。これらの点は保守主義の適用である。

Ⅳ　保守主義と現代会計理論

上述したように，イギリスとアメリカの鉄道会社では，産業資本の生成と発展の時期に対応した近代会計の精緻化の過程で，保守主義は将来の景気変動や物理的な事故に備えた引当金や準備金の設定，利益の平準化を志向する経営者と株主の調整などの論理的支柱として機能してきた。しかし，資本主義が金融資本主義に発展すると，会計は擬制資本の計算を本旨とするようになり，持分との関係から，資産評価の問題に対する枠組み，特に時価に関する会計問題の論理的支柱として機能したといえる。現代会計に対する保守主義の入り口となったのは，棚卸資産の評価基準の問題であった。

177） *Reports to the Stockholders of the Union Pacific Railroad for the Year 1884*, pp.10-11.

178） *Reports to the Stockholders of the Union Pacific Railroad for the Year 1884,* pp.88-98.

179） S. Gilman, *Accounting Concept of Profit*, 1939, p.436.

棚卸資産評価に関する保守主義適用の実務は古くから存在し，S. Gilmanは，低価法の会計的性格を究明するため，歴史的なトレースを行い，低価法が中世の冒険取引を基底として，商習慣や銀行や債権者の要求，租税負担などの諸要因によって，低価法が会計実務として成立する基盤になっていると主張した[179)]。低価法の歴史は古く14世紀のフィレンツェの資料に低価基準の適用とその基底としての保守主義の存在があるとする研究がある[180)]。さらに15世紀において，低価法に関する記録が残されていたとされている[181)]。低価法は中世イタリアの商人が財産税への対応を意図して生まれたが，第1次世界大戦期の節税対策として機能した。低価法が制度として認められるのは，1918年のアメリカ歳入法によってである。同法の第203条とこれに関連した歳入法施行細則(Regulation) 45号の第1582条において，棚卸資産の評価に対して原則として原価法及び低価法の二つを認め，商品項目ごとに適用しなければならないと規定した。さらに1938年のアメリカ歳入法で容認され現代会計理論の一つとなった。しかし，低価法制度化の過程で，株主総会などで，低価法の科学性に対する批判が出されると，継続性の原則から制度化が支援され，G. O. Mayに代表される会計士たちによって支持された。

笠井昭次教授は，保守主義という概念は，本来的には，静態論を基盤にした債権者のための会計において機能してきた原則であって，それが，近代会計にも，つまり，投資家のための会計あるいは利害調整にかかわる会計にも，転用された[182)]と述べている。また，平敷慶武教授は，静態会計観の下で生まれてきた低価基準が動的会計観の下における原価主義の中に発展的に解消されてきた[183)]と指摘している。しかしこれらの意見は，低価法と保守主義の関係を会計制度の枠組みの中で表面的に捉えたもので，近代会計における保守主義の位

180）G. B. Waymire and B. Sidipta, “Accounting is an Evolved Economic Institution”, *Foundation and Trends in Accounting,* Vol.2, No.1-2, 2008, pp.15-16.

181）田中藤一郎「パチオリ以前に於ける伊太利簿記の展望」『會計』第36巻第2号，36-38ページ。

182）笠井昭次『現代会計論』慶応大学出版，2005年，588ページ。

183）平敷慶武『棚卸資産会計研究』税務経理協会，2003年，268ページ。

置づけはなされていない。注目すべきことは，英米各国において，低価法が会計実務として容認され，法律を通じて制度化され，議論される時期は，戦中戦後の租税負担高率時や不況時の物価下落の時期に集中している点である。この点は，それ以前の低価法採用とは明らかに主旨が異なるもので，期間損益計算上の利益額を考慮した経営者の財務政策が深くかかわっていることを意味するものである。さらに重要なことは，取得原価を基準とする期間損益計算のなかに時価が持ち込まれ，その理由として保守主義が基盤となったことである。その背景には鉄道の再編成会計にみられるように金融資本による会社支配の問題が存在する。さらに棚卸資産については，棚卸資産の評価方法も問題となる。高寺卓男教授は，Nickerson の記述に依拠して，National Lead 社における棚卸資産評価の正常在高法適用について以下のように言及している。National Lead 社の初期の年次報告書は，1904 年の年次報告書をはじめとして棚卸資産の評価において並外れた保守主義がとられたことを示していた。たとえば，1905 年の年次報告書には，当該年度中に原材料が 20% 値上がりしたのに，全棚卸資産はそれ以前の価格（former Values）を基準にして評価された。わが社の実務はこの点において，棚卸資産の価格下落（depreciation）に備え，かつ将来の利益を保証する秘密準備金を形成する効果を持っていると，説明されたことを指摘している[184]。

固定資産の減損処理は，固定資産への投資額に対応するキャッシュフローの獲得が，経済環境の変化や設備投資計画の失敗などによって，期待されるキャッシュ・イン・フローが見込めなくなったときに，収益性の低下した固定資産について，帳簿価額を一定の条件の下で，収益性を反映させるように減額する会計処理である。すなわち，減損会計は，減損の兆候のあった固定資産の帳簿価額をその収益性を示す価額まで切り下げて，減損損失を計上する会計のことである。減損処理の会計的な意義を求めるためには，資産概念の変容を検討する必要がある。資産概念は歴史的所産であるから，資本主義経済の発展段階を基

184）高寺卓男・醍醐　聡『大企業会計史の研究』同文館，1983 年，89 ページ。

盤とし，財産説，支払能力説，将来費用説，サービスポテンシャルと変化してきた。さらに，企業会計基準委員会の『討議資料　財務会計の概念フレームワーク』では，「資産とは，過去の取引または事象の結果として，報告主体が支配している経済的資源をいう」[185]としている。ここでの経済的資源とは，キャッシュの獲得に貢献する便益の源泉と捉えていることから，資産の収益性が問題となる。したがって，収益性の低下した固定資産に対して，その実質的な価値や回収可能額を財務諸表に反映させるために帳簿価額を減額するという会計処理は，保守主義の適用であるとされる。しかし，固定資産に対する減損処理の過程を概観すると，保守主義を基盤とする減損会計の別の側面が顕在化する。減損会計では，投資意思決定やその後の経営計画などに基づいて，固定資産をグループに分け[186]，減損の判定を行う。その判定は，グループ分けされた資産について減損が生じる可能性を示す兆候[187]があるかどうかを調査し，減損の兆候がある場合，企業は経済性を重視するため，使用を継続するか売却をするかを検討し，有利な方を選択する。減損会計を採用すると，減損の兆候のある資産もしくは資産グループを継続して使用することで得られる現在価値に割引く前の将来キャッシュフロー総額と，当該資産もしくは資産グループの帳簿価額を比較し，割引前の将来キャッシュフロー総額が帳簿価格より低い場合には減損損失が認識される。減損損失は帳簿価額から回収可能価額を差引いて計算され，当期の特別損失として処理される。回収可能価額は，正味売却価額（当該資産もしくは資産グループの時価から見積処分費用を控除して算出した売却による回

185）企業会計基準委員会『討議資料　財務会計の概念フレームワーク』2006年12月，22ページ。

186）固定資産のグループ分けをするのは，減損の対象となる固定資産が単独でキャッシュフローを生み出すことはほとんどないためで，キャッシュフローを生み出す最小単位を考慮して，資産をグループ分けする（村田直樹『企業会計の基礎理論』同文館，2014年，67ページ）。

187）資産及び資産グループの減損の兆候とは，当該資産及び資産グループが使用されている営業活動から生じる損益あるいはキャッシュフローが継続してマイナスになっている場合や，市場価格が著しく下落している場合などがある（村田直樹『企業会計の基礎理論』同文館，2014年，67ページ）。

収額）と使用価値（当該資産もしくは資産グループを継続して使用した上で，使用後の処分によって生じるであろうと見積もられる将来キャッシュフローの現在価値であり，使用による回収額）の高い方を選択する。つまり，このプロセスは，取得原価主義会計を原則とする期間損益計算に時価を持ち込むもので，低価法の場合，それが棚卸資産の評価の部分であったが，減損処理の場合は，固定資産に対する評価についてである。その根拠として保守主義が用いられたことが両者の同質性を示している。保守主義は，たとえば日本の企業会計原則に定義されるように「企業の財政に不利な影響を及ぼす可能性がある場合には，これに備えて適当に健全な会計処理をしなければならない」と規定されている。産業資本主義の時代では，保守主義は，運河会社や鉄道会社に見られたように，将来に備えて準備金や引当金を設定する会計処理が象徴的であった。しかし，金融資本主義においては，保守主義と会計理論の関係が変容し，資産評価に対する時価主義を基本として，株式資本の市場価値とその写像である株価との関連が重要視される現代会計理論が生成することになる。したがって現代会計では擬制資本の計算を主旨として，当期純利益の持つ意義は薄れ，企業価値の測定を基底とした会計理論が要請されることとなったのである。

第5章　減価償却の会計史

Ⅰ　減価償却の本質

減価償却とは，有形固定資産（固定資本）の価値の減価を測定して，帳簿から差し引く（償却）ことである。有形固定資産の減価は経済現象であり，減価償却の客観的経済的基礎は，生産過程で機能する有形固定資産の独自的な価値流通様式にある。木村和三郎教授によれば，有形固定資産は，使用価値物としては一体としてその全部が生産過程に投げ込まれながら，価値形成の過程においては，すなわち価値物としては部分的のみ生産過程に参加する。つまり，有形固定資産は生産過程において使用価値として残留しながら価値としては移転するのである。減価償却は生産過程において体現する経済的性質のゆえに行われる計算手続であって，減価償却の手続は，その基本形式において，このような生産過程における有形固定資産の価値移転の計算的反映であるとされる[188)]。

しかし，このような客観的で経済的な基礎をもつ減価償却という経済現象が，企業会計実践においてそのままの形で反映されるわけではない。経済的基盤すなわち社会総資本の立場から見ると，減価償却の本質は有形固定資産の生産的使用を前提とした価値の生産物への移転計算であるが，会計的基盤すなわち個別資本の立場からは，市場経済を巡る価値実現のために有形固定資産に投下された資本価値の回収計算として把握される。それは，企業が拡大再生産に向けて，価値移転計算よりも価値実現すなわち生産性の維持・向上を重視するからである。つまり，個別資本の立場においては，有形固定資産の生産物への価値移転計算が有形固定資産への投下資本の価値回収計算へと転位して把握さ

188）木村和三郎『新版減価償却論』森山書店，1965年，5-7ページ。

れる。

企業において減価償却が投下資本の価値回収計算として把握されると，会計上の減価償却は，経済的な定義から乖離し，生産的労働の意義や有形固定資産の生産工程における特性などを無視した形で，投下資本の回収計算に対応した定額法などの計算方法が構築され，期間損益計算の名の下にそれらの方法が正当化される。

有形固定資産の減価原因は一般に，物理的摩滅と経済的減価および災厄的減価があるとされる[189]。物理的摩滅には，有形固定資産の使用による損耗（wear and tear）と時の経過による減価が含まれ，経済的減価には陳腐化による減価（depreciation due to obsolescence）や不適合が，災厄的減価には，事故および災害による減価などが該当する。1900年までの減価償却会計を分析したA. C. Littletonは，19世紀における減価償却実践が陳腐化という重要な減価原因を無視したと述べている[190]。しかし，1893年に発行された最初の減価償却に対する体系書であるE. Mathesonの*The Depreciation of Factories*には，技術者の立場から，固定資本の主要な減価原因として陳腐化の問題が論じられている[191]。また，C. P. Kindlebergerも，1800年代イギリスのGreat Western鉄道における陳腐化の問題を，その発生原因別に分類した上で，当時の鉄道会社に減価償却の減価原因としての陳腐化の認識があったことを明らかにしている[192]。鉄道会社では，その建設期から拡張期を通じて，常に陳腐化が問題となった。陳腐化を含む有形固定資産の価値減耗計算をしなければ，会計上の正確な期間損益計算は行えず，投下と資本の効率を測定することはできないからである。さらに重要なことは，企業における減価償却の会計処理の実務を歴史的にトレースすると，主要な減価原因である使用による損耗よりも，予測不可能な経済的減

189）馬場克三『減価償却論』千倉書房，1965年，18-19ページ。

190）A. C. Littleton, *Accounting Evolution to 1900,* 1933, p.241.

191）E. Matheson, *The Depreciation of Factories: Mines and Industrial Undertakings and their Valuation,* 2nd edition, 1893, p.20.

192）C. P. Kindleberger, “Obsolescence and Technical Change”, *Bulletin of the Oxford University Institute of Statistics,* Vol.23, 1961, pp.281-297.

価である陳腐化や不適合に対応する会計処理が有形固定資産管理の重要な課題となっており，この陳腐化こそが多様な減価償却の会計処理方法を生み出す原因となったのである。

また，減価償却計算が長期に投下される資本の回収計算としての地位を得ると，有形固定資産以外の無形固定資産等への投下資本の回収を同種の計算として取り込み，償却計算として企業会計上に位置づけが確定する。たとえば，合併時に発生する実際資産額と買収価格の差額としてののれんは，償却計算によって費用化され，収益と対応することによって，実体をもつ資産であるかのように偽装される。このような概念の拡大傾向は，これにとどまることなく，多額に支出された費用の繰延計算（試験研究費や創業費など）をも減価償却の論理に包摂しようとすることになる。現代会計においては，減価償却計算はおよそ価値移転過程と全く関係のない費用計算や空費の処理方法まで拡大されている[193]。

Ⅱ　産業革命期の減価償却

産業革命期の一般企業の基本的な経営形態は，パートナーシップであった。たとえば，産業革命期の代表的な綿工業である M'connel & Kennedy 商会の会計帳簿は，日記帳，元帳，売上台帳などであるが，日記帳は仕訳帳を兼ねていて，元帳は基本的に人名勘定で構成されるものであった。売上台帳も仕訳帳も期間の集計は行われず，貸借対照表や損益計算書は作成されなかった。したがって，資本及び利益の計算は，財産目録を中心として行われ，財産目録における資産の増加分を各パートナーの勘定に分配していた。減価償却に関しては，原価構成要素としての認識はあったが，基本的には，パートナーの財産計算を行うための財産評価の一要素として機能していた[194]。

193）木村和三郎，前掲書，48-49ページ。
194）杉浦克己「マコンネル・ケネディ－イギリス産業革命の具体例－」『社会科学紀要』1982年，96-97ページ。

図表5－1　1769年の資産評価

（単位：ポンド）

	薄価	C.Gascoigne の評価
工場および建物 （Works and Building）	56,670	34,478
Gramond 炭田の冷間剪断機 （Slit mill）	3,000	1,713
Kinnaird 炭田	14,405	8,279
Quarrol 炭田	5,494	2,913

（R.H.Campbell, "The Financing of Carron Company", *Bussiness History*, Vol.1, No.1 and 2, p.27.）

減価償却の認識は，近代会計理論生成の重要な前提条件である。しかし，R. K. Fleischman と T. N. Tyson は，産業革命期のイギリスやアメリカの綿工業において，その工場主や経営者は，減価償却を充分認識していたが，財務報告の要求がなかったため，記録には残らなかったという見解を示している[195]。そこで，数少ない残された記録の中から，産業革命期イギリスの主要な製鉄会社である Carron 製鉄会社における減価償却の問題を検討する。Carron 製鉄会社は1760 年にパートナーシップとして設立され，その後勅許会社として初期の株式会社へと移行したイギリスの製鉄業を代表する会社である。1769 年に当時のジェネラル・マネージャーであった C. Gascoigne は，1769 年に工場及び主要な炭田などについて総支出をもとに年 8% の控除を行い，これを基礎として固定資産を評価した[196]（図表 5 － 1）。この資産評価に対して，S. Pollard は，最も早い時期の減価償却率の採用であり，減価償却制度の施行であると主張する[197]。

195) R. K. Fleischman and T. N. Tyson, "Cost Accounting during the Industrial Revolution the Present State of Historical Knowledge," *The Economic History Review,* Vol.XLVI, No.32 1993, p.512.

196) R. H. Campbell, "The Financing of Carron Company," *Business History,* Vol.1 and 2, p.27.

197) S. Pollard, "Capital Accounting in the Industrial Revolution," *York's hire Bulletin of Economic and Social Research,* Vol.15, No.2 1963, pp.88-89.

しかし，この減価償却は，パートナーの交代にともなって，引退しようとするパートナーの持分の評価を切り下げるためのもので，減価償却の計算ではなく，1769年に一度だけ行われたCarron製鉄会社の資産に対する再評価である。Carron製鉄会社の記録では，“Depreciation”という用語が用いられているが，これは，単なる「減価」の意味で，S. Pollardが主張する減価償却制度の施行ではない[198]。

Carron製鉄会社が減価償却の会計処理を制度化するのは，勅許会社として株式会社形態をとるようになった後の1779年からである。そのきっかけとなったのは1779年の所得税法であるが，この減価償却の会計処理は，損益勘定残高（balance of profit and loss account）から直接控除する方法がとられていたが[199]，当時のジェネラル・マネージャーであったJ. Staintonはこの減価償却実務を通じて多額の秘密準備金（hidden reserves）を蓄積していった。この準備基金（reserve funds）の目的は，利益の平準化を図るとともに配当政策に利用された[200]。

産業革命期の運河会社においては，原価会計の中で，原価構成要素としての減価償却計算の記録が残っている。たとえば，1764年のForth and Clyde運河の土木技師J. Smeatonの報告書には，通行料の算定にあたって，加算しなければならない経費として，水門の減価と修繕費の計算が行われている。新しい水門は数年後には漸次老朽化していくため，20年後の更新を見越して，1水門につき60ポンドを計上し，72水門あるので4,320ポンドとなると報告している。この報告書は，第1報告書から第3報告書まであることが確認されているが，P. Masonが1933年に*Accounting Review*の論文で紹介したのは第2

198）村田直樹『近代イギリス会計史研究』晃洋書房，1995年，8-9ページ。

199）A. Birch, “Carron Company 1784-1822: The Profits of Industry during the Industrial Revolution,” *Exploration in Entrepreneurial History,* Vol.8, No.2, p.76.

200）1811年にStirlingの徴税官（tax collector）がJ. Staintonに対して，なぜスケジュールDのもとに課税される会社の利益を下落させ，種々の準備金を設けたのかと質問している。これに対して，J. Staintonは，賃金の増加，材料その他の価格の上昇，さらに蓄積された利益に対して裁判所が償却を命じてくるまでの資本的支出の特定勘定（capital expenditure a special account）が必要であるためと説明している（R. H. Campbell, Carron Company, 1961, p.165.）。

図表5－2　両端に鉄道を設置した運河の輸送原価見積

	£	s	d
両端に鉄道を設置した運河の土地および家屋を含む建設原価37万4,750ポンドに対する10%の利子……	37,475	0	0
蒸気機関その他に費やされる現金の利子を含む水の供給……	4,600	0	0
50万トン輸送に対応する鉄道の減価償却費……	1,562	10	0
水門管理人の費用を含む運河の減価償却費……	1,250	0	0
運河による50万トンの商品輸送（艀等の運航費トンあたり4 1／2ペンス）……	5,625	0	0
鉄道による50万トンの商品3マイルの輸送（これら商品はPaddingtonでの積み下ろしは要求されないので，トンあたり2 1／2ペンスが削減されるはずで，トンあたり4 3／4ペンスとなる）……	9,895	16	8
合計	60,408	16	8

(J. Rennie, *A Report on the Comparative Advantage of a Canal or Iron Railway, proposed to be made between the London Docks and the Grand Junction Canal at Paddington*, 1802, p.5.)

報告書である[201]。第1報告書では，1水門60ポンドという見積の根拠は，他の運河での経験からと記述されており，耐用年数も第3報告書では20年から24年に延長されている[202]。

また，London DocksとGrand Junction運河を結ぶ運河建設に際して，土木技師J. Rennieが1802年に出した報告書では，運河建設に際してのルート及び輸送方法の選択，さらに建設費の見積比較と通行料決定のための見積輸送原価比較の計算が報告されている。第1報告において輸送方法として，運河のみ，馬車鉄道のみ，運河の両端に馬車鉄道を設置するという3つの方法を比較検討

201）P. Mason, "Illustration of Early Treatment of Depreciation," *The Accounting Review*, September 1933, p.210.

202）J. Smeaton, *Report of the Late John Seaton, F. R. S.*, 1765, pp.12-13.

している。さらに第2報告書においてそれぞれの建設費と見積輸送原価を計算して，その比較から運河の両端に馬車鉄道を設置する案が有力であると結論している。ここで，両端に馬車鉄道を設置した場合の運河の見積輸送原価の計算（図表5－2）を行っているが，その項目の中に，水門管理人の費用を含む運河の減価償却費（tear and wear of canal）として1,250ポンド，50万トンの輸送に対応する馬車鉄道の貨車及び路線の減価償却費（expense of tear and wear of road and wagons）として1,562ポンド10シリングが計上されている[203]。

このJ. Rennieの報告書でさらに注目すべき点は，通行料決定のための見積原価計算の中に，投下資本利子（建設費の10%）と減価償却費が原価構成要素として，計算されていることである。運河会社は輸送を行わず，施設を保有して通行料を徴収する経営システムをとっていたため，費用の大半は運河システムの修繕費で，水門や水道橋での牽引作業を行う馬匹の維持・管理に必要な経費を原価構成要素として認識し，通行料を算定していた。一般に，運河建設に関与した土木技師の一部が，運河水門の管理者として，常駐し，水門の維持・管理を行っていた。したがって収支計算書に掲記される場合，たとえば1808年のLancaster運河の収支計算書では，水の供給を含む運河の修繕とインクライン設備と蒸気エンジンの費用を含む馬車鉄道の修繕に対する支出に関して，技師は責任を持っており，報告としては一括して明記されている[204]。土木技師の管理の下，修繕費と減価償却費は一括して報告されているが，彼らは，修繕では補うことのできない損耗があることを充分認識し，修繕費と減価償却費は明確に区別され計算されていた。たとえば，Grand Junction運河の地方在住技師が同運河の経営委員会に宛てた書簡には，修繕費の報告とともに修繕では補えない減価に対する積立を増額すべきであるという意見が述べられている。また，運河経営者は，水門等の運河施設の更新を意識して，その基金を設

---

203) J. Rennie, *A Report on the Comparative Advantage of a Canal or Iron Railway, proposed to be made between the London Docks and the Grand Junction Canal at Paddington,* 1802, pp.1-7.

204) Lancaster Canal company, *At the Half-Yearly General Meeting of the Company of Proprietors of Lancaster Canal Navigation,* 2nd February, 1808, p.2.

定しておく必要性を認識していた。ここに原価構成要素としての減価償却を認識する基盤が存在する。

現金主義で会計処理を行う運河会社では，減価償却の会計処理は利益から直接控除する方法がとられていた。したがって，利益がなければ減価償却は行われず，配当支払後の残余利益から準備金として積み立てられた。たとえば，1823年Kennet and Avon運河の年次報告書では冒頭に，開示する財務諸表が監査人（auditors）の監査を受けていること，当年度は1株あたり17シリングの配当を行うこと，配当後の残余利益109ポンド1シリング9ペンスは取締役会の議決で減債基金（sinking fund）とすることが述べられている[205]。この基金の実質的な管理者はトレジャラー（treasurer）であり1823年の一般貸借対照表（General Balance Sheet）では，トレジャラー勘定のなかの内訳項目の中に減債基金に関する項目が載っている。1832年にはKennet and Avon運河の支線であるAvon and Gloucestershire鉄道の完成にともない，この基金を使用して負債を返済したことが明記され，同期の一般貸借対照表から減債基金に関する項目がなくなっている[206]。1833年には，減債基金を設けたのと同じ方法で，配当支払後の剰余金から準備基金（reserve fund）290ポンド16シリング4ペンスを設定している。このように，運河会社では，配当支払後に剰余がある場合は，次期以降の配当もしくは偶発事故や減価償却のために準備基金として留保されたのである。減債基金と準備基金の違いは，減債基金は債務の返済や社債の償還といった特定の目的を持った基金であるのに対して，準備基金は特定の目的を持たない。Kennet and Avon運河では，現金主義会計を採用しているので，減債基金でも準備基金でも，その基金に対する現金はトレジャラーである銀行に実在するが，現金主義会計の下で，特定目的を付された基金は，原則として目的外に使用することはできなかった[207]ので，準備基金として，取

205）*Report of Committee of Management of the Kennet and Avon Canal Navigation*, 29 July, 1823, p.2.

206）*To the Proprietors of the Kennet and Avon Canal Navigation*, 2nd June, 1832, p.3.

207）J. H. Burton, *Sinking Funds, Reserve Funds, and Depreciation*, 1926, p.5.

図表5－3　馬車鉄道の年間輸送原価

銅，鉱石，精錬銅などの輸送原価…………………	£475.0.0
路盤の維持及び坑道，貨車，機械の減価償却費…	227.0.0
貨車の原価を含む資本利子…………………………	293.0.0
合計	£995.0.0

(C. Vigholes, *Report of Constraction of a Railway*, 1828, p.2.)

締役会で設定し，株主総会の承認を得たのである。R. B. Kester が「減債積立金を積み立てるのみでも，減価償却のための内部留保は充分されている」[208]と述べたのはこの点を意識してのことである。

Ⅲ　鉄道と減価償却

もともと鉄道は運河をつなぐ支線として馬車鉄道がその始まりである。この馬車鉄道建設の段階から投下資本の回収計算として，減価償却が計上されている。たとえば，Wales 地方の Parys and Mona 鉱山において，鉱物の輸送原価を削減するため，馬車鉄道が企画され，この計画に対して，土木技師である C. Vignoles[209] が，1828 年に鉱山経営者に提出した報告書には，馬車鉄道による輸送原価が報告されている。馬車鉄道による鉱物の輸送を行った場合，銅，鉱石，石炭，スラグ，精錬された銅の輸送原価は，年 475 ポンド，さらに，路線の維持（maintenance of the road）や坑道，貨車，機械などの固定資本の減価償却費（wear and tear of the inclined planes, wagons, machinery）年 227 ポンドとなる。貨車の原価を含む投下資本利子は年 5%として，年 293 ポンドが必要で，馬車

208）R. B. Kester, *Accounting Theory and Practice*, 1912, p.328.

209）C. Vignoles は，当時を代表する土木技師で，1825 年に Liverpool and Manchester 鉄道のルート設定に参画し，1830 年には J. Ericsson とともに鉄道インクラインシステムの特許を取得し，1832 年からは Ireland の最初の鉄道である Dublin and Kingstone 鉄道の主任技師に就任している（H. Jones, *Accounting, Costing, Cost Estimation, Welsh Industry: 1700-1830*, 1985, p.242.）。

鉄道における年間輸送原価は合計995ポンドになるとしている[210](図表5－3)。

運河会社同様に，投下資本の回収計算を意識して，鉄道会社においても原価構成要素としての減価償却は認識されていた。たとえば，Liverpool and Manchester鉄道の建設計画に際して提出されたJ. WalkerとJ. U. Rastrictの報告書（蒸気機関車と固定エンジンの原価比較）では，蒸気機関車や固定エンジンの年間経費の計算に，減価償却費や見積修繕費などが加算されている[211]。

初期のイギリス鉄道の経営者や土木技師は，原価構成要素としての減価償却を認識し，鉄道施設が時の経過や使用によってその価値が減価し，簿価と時価が異なることを理解していた。しかし，産業革命期のパートナーシップ企業と違って株式会社形態の鉄道では，株主からの財務報告の要求もあり，鉄道会社の財務と管理に主要な関心を持つ鉄道経営者は，鉄道会社の経営政策の一環として，有形固定資産の減価償却に関する問題を取り扱っていた。たとえば，1830年代から1840年代にかけてのGrand Junction鉄道では，車輛等の会社資産の管理にあたって，1838年から車輛の評価を市場価格で行い，その価値変動を収益勘定に計上していた[212]。このようなGrand Junction鉄道の実務は，算出された総減価額が車輛の当期までの原価と見合うもので新車両購入に際しては，当該金額まで，資本的支出を削減できると考えられ，改良や更新を意識したものであった。しかし，1841年にジェネラル・マネージャーに就任したM. Huishは，この方法では，車輛の経済的減価に対応できず，拡散する株主層に対する柔軟な配当政策のためには限界がある[213]として，1841年の下半期から，この方法を

---

210) C. Vignales, *Report of Construction of a Railway 1828,* University College Bonger Archives Collection, Mona Mine MSS 3182.

211) J. Walker, *Liverpool and Manchester Railway: Report to the Director on the Comparative Merits of Loco-motive and Fixed Engines, As a Moving Power,* 1929, p29.　この報告書はLondon版であるが，1930年のLiverpool版では，J. WalkerとJ. U. Rastrictの共著，同年のBirmingham版では，J. U. Rastrictの単著となっている。

212) H. Pollins, "Aspects of Railway Accounting before 1868", M. C. Reed, edition, *Railway in the Victorian Economy,* 1969, p.154.

213) *Grand Junction Railway Company at the Annual General Meeting to the Proprietors,* Jun. 30, 1843, p.2.

図表5－4　Grand Junction鉄道車輌の減価償却および更新基金（1842）

Nett Proceeds of the Half-year, as above stated			£119,470
Balance from former Half-year, with Interest			5,5.
			£125,082
The number of Shares entitled to a Dividend is equal to 22,033 Hundred Pound Shares.			
A Dividend of £5 ⅌ Share will amount to £110,165, viz.—			
On 10,918 £100 Shares		£54,590 0 0	
10,918 £50 Do.		27,295 0 0	
5,000 £25 Do.		6,250 0 0	
17,624 New £25 Do. £22,030, viz.			
Interest 8s 9d ⅌ Share	£7,710 10 0		
Payable to Proprietors 16s 3d Do	14,319 10 0		
		22,030 0 0	
			110,165 0 0
Balance after paying 5 per Cent.			£14,917 6 3
Less set aside, viz.—			
For the payment of the last Six Months' Income Tax, in terms of the Act		3653 17 10	
For depreciation and renewal of the Stock		£5000 0 0	
			8653 17 10
Leaving to the Credit of the current Half-year			£6,263 8 5
Depreciation and renewal of Stock Fund, viz.—			
Set aside to June 30, 1842, with Interest to that date		£10,040 7 6	
Interest on Do.		250 18 9	
Set aside as above		5,000 0 0	
			£15,291 6 3

(Grand Junction Railway Company *at the General Meeting to the Proprietors*, Feb. 1, 1842, p.3.)

変更して，車輌の減価及び更新（depreciation and renewal of stock）のための基金が設定されている[214]。さらに，1842年下半期の財務諸表では，配当後の利益からの控除項目として，当該基金が設定され，車輌の減価償却および更新基金の内訳明細が掲記されている（図表5－4）。

このような方法変更は，安定した配当を意識した配当政策を実施するとともに，車輌の技術革新が急激であった1840年代の陳腐化を念頭に置いた減価償却政策から生まれたものであった。

Great Western鉄道では，完成直後の株主総会において車輌の減価償却及び更新基金を設定することが認められ，1842年上半期から減価償却基金が設定されている[215]。基金の設定額は，半期ごと10,000ポンドで，同額は資本収支計算書の機関車，車輌勘定から直接控除され，同額が収益勘定にチャージさ

214）*Grand Junction Railway Company at the General Meeting to the Proprietors*, Feb. 1, 1842, p.3.

215）Great Western Railway Company, *Statement of Accounts*, 18th Aug. 1842, pp.3-4.

れている。しかし，1843年に基金の額が半期ごと10,000ポンドから5,000ポンドに減額されている。これについて，取締役の一人であるV. F. Hovendenは，自らが鉄道投資雑誌に投稿した論文[216]の中で，1843年以降7%の配当を維持することが，この基金を廃止する目的であると述べている。またGreat Western鉄道の会長であるC. Russellは，鉄道投資雑誌のインタビューに答えて「Bristol and Exeter鉄道における賃貸料の増加分は，支出の削減と減価償却の引当額を5,000ポンドに減額することで補える」[217]と述べている。このBristol and Exeter鉄道の賃貸料は1841年では毎期30,000ポンド，1842年からは毎期42,500ポンドの固定賃貸料と貨物，乗客についてマイルあたり1/4ペンスと上昇していた[218]。この金額は，一般収益勘定に計上され，これによって配当可能利益が減少することになるので，配当率を維持するためには，減価償却額を減少し，1846年の下半期からは減価償却基金の廃止を決定し，配当率を維持しようとしたのである。1846年下半期の会計報告に添付された監査報告書では，取締役が監査人に対して，現在建設中の支線が完成するまで，約5年間行ってきた車輛の減価償却費（the charge for depreciation of stock）計上を中断することを伝えたことが報告されている[219]。

T. R. Gourvishによれば，鉄道マニア期以降に，その規模を拡大していく鉄道会社にとっては，競争や法律による運賃規制のなかで，労働力の分散と，固定資本比率の増大に悩まされており，株主からのより詳細な会計報告の要求に応えるために，論理的な統計的分析による減価償却基金の設定は，営業の長期的見積原価に対して効果があり，この問題に最初に挑戦したのがLondon and

---

216）V. F. Hovenden, "Great Western Railway Reserved Fund", *Herapath's Railway Magazine and Journal*, 1843, p.119.

217）"Great Western Railway Company", *Herapath's Railway Magazine and Journal*, 1843, p.836.

218）Great Western Railway Company, *Statement of Accounts*, 18th, Aug. 1842, p.4.

219）Great Western Railway, *Auditor's Report by Jno. Crosthuaite and Robert McAlmont*, 6th, Feb. 1847, p.1.

220）T. R. Gourvish, *Mark Huish and the London and North Western Railway: a Study of Management*, 1972, p.148.

North Western 鉄道であったと述べている[220)]。London and North Western 鉄道のジェネラル・マネージャーであった M. Huish は，1847 年の減価償却基金の設定に関して，取締役会に対して一連の報告書を提出している[221)]。この一連の報告書のなかで M. Huish は，減価償却の会計処理が配当可能利益の算定に大きく影響を与えるという認識のもと，現金主義による減価償却基金会計を批判している。一般に車輌は耐用年数が経過すると価値がなくなると考えられており，車輌の取得原価は耐用年数に渡って配分されるから，その配分額が減価償却費として測定されることになる。しかし，耐用年数の測定は困難で，当該年度の負担で，修繕と取替を行う方が合理的であるとしている[222)]。さらに M. Huish は，車輌の廃頽（deterioration）に対する引当は，企業の創設期には必要であるが，輸送量の増大，支線の拡大期には，それほど必要なものではなく，現在の London and North Western 鉄道は，車輌の効率性を維持する能力があるので，基金の設定は必要ないと結論し，1847 年に利益から控除された 3 万 400 ポンドの減価償却基金は根拠がなく，この金額は剰余金に属するものであるから，当該勘定の借方に再振替すべきであるとしている[223)]。この勧告を受けた London and North Western 鉄道の取締役会は，1848 年の下半期の決算で，減価償却の修正計算を行い，同期の一般貸借対照表の借方に，12 月 31 日機関車及び車輌の減価のために誤って控除した金額（To Amount Deducted in Error, 31st December, for depreciation of Locomotive Engines, and Carriers）3 万 62 ポンド 18 シリングが表示されている（図表 3 － 3 参照）。

M. Huish は，車輌の減価償却基金の設定には反対したが，レールについてはこれを区別し，レールは修繕できず統一的に損耗するので，一定期間ごとに更新のための準備基金が必要であるとした[224)]。この基金は 1847 年以降レー

221）M. Huish, *Report to the Directors of London and North Western Railway Company on the Present of Their Moving Stock,* June 1848. M. Huish, *Report to the General Works Committee on the Present Condition of the Permanent Way*, April, 1849. M. Huish, *On Deterioration of Railway Plant and Road*, 1849, pp.1-55.

222）M. Huish, *Report to the Directors*, 1849, pp.9-11.

223）M. Huish, *Report to the Directors*, 1849, pp.24-25.

ルの更新勘定（Renewal of Rail Account）として計上されている。しかし，1856年下半期の監査報告書には，この基金が支出された76万2,505ポンドのうち，23万7,356ポンドは更新のためではなく改良（improvement）のための支出であるから資本勘定にチャージすべきであるという批判を受けている[225)]。このような M. Huish の減価償却政策は，常に対立する株主層，すなわち一時的投機的株主と永久的投資的株主との調和を意識し，経営管理者として財務政策的側面から減価償却を検討したものである。1850年代からのイギリス鉄道は輸送量が増大し，これに対応する追加資本に対して減価償却基金では不十分であるため，従来の減価償却の処理を放棄して，修繕費，維持費，更新費などを当該年度の収益に借記する取替法に移行していった。鉄道会社の有形固定資産は機関車，車輌，レール，枕木などである。これらの資産は鉄道技師や土木技師によって耐用年数を物理的に測定することができた。したがって，技師たちは，有形固定資産の構成部品ごとに耐用年数を前もって測定しておいて，その時期に取替ればよいと考えていた。これが取替法であるが，鉄道経営者にとってはこの方法は別の意味を持っていた。すなわち取替法は，追加投資の必要な鉄道会社にとっては，有形固定資産の取替時期まで，原初資本投資が費用化されないために，最も資本を必要とする事業開始の初期年度に報告利益を最大化することができ，報告利益がより大きく表示される効果があった[226)]。

19世紀の鉄道会社の財務政策の主要な問題点は，収益力が経済状況の変化に影響を受けたにもかかわらず，鉄道経営者は，株主の要求が安定した配当にあると信じていたことである[227)]。したがって，鉄道経営者は，計画された配当水準を充分満たすような利益を常に報告しなければならないと考えていた。しかし，初期の鉄道においては，配当は必ずしも営業から生じる利益からではな

224）M. Huish, *Report to the Directors*, 1849, pp.40-53.

225）London and North Western Railway Company, *Auditor's Report of Twenty-Second Half-Yearly Meeting of the Court of Proprietors*, 20th February 1875, pp.1-3.

226）M. Chatfield, *A History of Accounting Thought*, 1974, pp.93-94.

227）J. R. Edwards, *A History of Financial Accounting*, 1989, pp.116-117.

く，借入金や資本から支出していた[228]ので，H. Pollinsも指摘するように[229]，株主は配当が資本から支払われているという疑いを常にもっていた。資本からの配当が問題となったのは，Midland鉄道やEastern Counties鉄道でのG. Hudsonに代表されるスキャンダルが表面化し，鉄道会社の財政状態の悪化が指摘されたためである。これらを通じて減価償却基金が配当と更新の戦略として利用されたことが露呈した。

当時の代表的な鉄道投資雑誌*Herapath's Railway Magazine and Journal*の編集長であるJ. Herapathは鉄道における減価償却の本質は配当政策であると述べている[230]。減価償却と配当政策の関係は，鉄道ばかりでなく一般企業においても同様であった。1864-1914年のイギリス石炭会社の減価償却を分析したM. V. Pittsによれば，ヴィクトリア期に入ると石炭会社は株式会社に転換し，減価償却の会計処理は配当政策との関連を深めたと述べている[231]。また，上述した鉄道投資雑誌は一時的投機的株主である一般大衆株主を読者層としており，彼らの意見を反映して，一貫して鉄道会社の減価償却基金の設定に反対している。その理由は，減価償却基金を設定することによって，現在の株主が得るべき利益が，次期以降の株主の利益になってしまうこと，定期的な修繕あるいは取替によって，車輌が維持できること，減価償却基金がG. Hudsonら鉄道経営者によって乱用されたことなどを挙げている[232]。J. Herapathが鉄道会社の減価償却を配当と更新の戦略と位置づけるのは，鉄道における株主層の分化とその対立，鉄道車輌等の陳腐化の問題が存在するからである。巨額の資本投資を必要とする鉄道会社は，広く一般大衆からの投資を必要とした。したがって鉄道会社における株主層は，配当額よりも資本の永久的価値に関心を

---

228) 中村萬次『英米鉄道会計史研究』同文舘，1991年，168ページ。

229) H. Pollins, "The Finance of Liverpool and Manchester Railway", *Economic History Review,* 2nd series, Vol.5, No.1, 1952, pp.95-96.

230) J. Herapath, "On Causes of the Present Depreciation of Railway Property", *Herapath's Railway Magazine and Journal,* 1840, pp.23-24.

231) M. V. Pitts, "Did dividends dictate depreciation in British coal companies 1864-1914?", *Accounting History* ,Vol.3, No.2, 1998, pp.37-52.

232) "Depreciation Fund ", *Herapath's Railway Magazine and Journal,* 1849, p.1205.

持つ永久的投資的株主と，永久的価値には関心がなく現在の配当額に注目する一時的投機的株主に分化した。前者は取締役会に対して，その意向を反映させ企業の安定を願っており，後者は，高配当とそれにともなうプレミアムを目的としていた。両者の対立と抗争が鉄道会社の財務政策に決定的な影響を与えるとともに，会計政策にも影響を与えた。たとえば，減価償却を行っても配当率の維持が可能な好況期には，減価償却を行い，配当率の維持が困難な不況期には減価償却を廃止した。会計における利害調整機能の本来の意味は株主間の調整にあり，ステイクホルダーの拡大した現代会計における債権者や国・地方公共団体，従業員，地域住民の利害調整は派生的なものにすぎない。また，鉄道における急激な技術革新は，物理的減価よりも経済的減価を強く認識させ，この陳腐化に対する財務的な対応と株主層の分化が，イギリスの鉄道会社における減価償却の会計処理の基底に存在するのである。

初期のアメリカ鉄道では，運賃政策に影響する原価構成要素としての減価償却を認識した上で財務会計上の取り扱いとしては利益処分の項目として処理されていた。しかし，国内の資金不足を背景として，資金調達が困難を極めた初期のアメリカ鉄道も財務政策上の理由から，取替法や廃棄法が採用された[233]。アメリカ鉄道の場合，1906年の州際商業法で取替会計が採用されるまで，多くの鉄道会社が廃棄法を採用していた。更新費と旧設備額の差額を資本化する廃棄法は，取替会計よりも運賃算定の基礎となる資産総額が過大に表示され，減耗した資産の更新を繰延べることによって，営業費へのチャージをなくし，減耗した資産をそのまま使用しながら利益を過大に報告することが可能であった[234]。19世紀末から20世紀にかけての世紀転換期の再編成会計において，陳腐化に対する対応も含めて，有形固定資産の減価償却は，偶発準備金（contingent reserve）を設定して，処理していた。イギリス鉄道においても，初期の段階で

233）アメリカにおける最初の公共鉄道であるBaltimore and Ohio 鉄道では，1838年の第10期年次報告書において，配当後の剰余金（surplus）1万3,772ドル3セントを路線と車輌の使用による損耗（wear and tear）のために留保すると報告している（*Annual Report of the Baltimore and Ohio Railroad of 1838,* p.70.）。

234）中村萬次『英米鉄道会計史研究』同文舘，1991年，239ページ。

は鉄道事故などが多発し，これに備える目的で，偶発準備金が設定されていた。しかし，再編成会計の過程で偶発準備金勘定から減価償却準備金勘定を独立させ，やがて，鉄道会社の財務政策の中で，減価償却準備金の更新基金としての役割が薄れ，主要な自己金融手段としては企業内部の財源として機能するようになった。たとえば，1906 年の Union Pacific 鉄道の貸借対照表には，リース汽船とリース車輌の減価償却準備金（reserve for depreciation on steamships and rolling stock leased）76 万 3,056 ドル 56 セントがこれまでの準備基金（reserve funds）から分離独立して設定され，損益計算書に剰余金から控除したリース汽船とリース車輌の減価償却準備金 30 万 4,455 ドル 99 セントが掲記されている[235]。

鉄道会計において，機関車やレールに関して，鉄道工学の発達にともなって，陳腐化（obsolesence）が認識されるようになった。新しい機関車の発明や開発などの経済的減価を察知することはなかなか困難であったので，鉄道会社は偶発準備金によって対処してきた。しかし，資本の有機的構成の高度化は，現金主義の下で実体のある減価償却準備基金を生み出し，やがて更新基金として減価償却という特定目的から解放され，自己金融の社内的な財源となっていった。

Ⅳ　アメリカのビッグ・ビジネスと減価償却

世紀転換期（19 世紀から 20 世紀）のアメリカは，交通と電信の発達によって国内市場が形成され，大量流通と大量生産の時代を迎えていた。大量流通と大量生産が統合し始めると，新しい企業は企業規模の拡大を志向し，垂直的統合や水平的統合を通じて巨大企業がアメリカに出現した[236]。企業規模が拡大するにつれて，資本の有機的構成は高度化し，固定資本の管理が経営の重要課題となる。会計的には減価償却の処理が問題となっていく。そこで，ビッグ・ビジネスにおける減価償却の問題を，アメリカ産業史上最も高度な独占

235）中村萬次『英米鉄道会計史研究』同文舘，1991 年，232 ページ。
236）M. G. Blackford and K. A. Kerr, *Business Enterprise in American History,* 1986, pp.127-179.

図表5－5　American Bell 電話会社の高配当政策

年　度	1880年	1881年	1882年	1883年	1884年	1885年	1886年
配当率	無配当	3%	4%	10%	15%	16%	16%
年　度	1887年	1888年	1889年	1890年	1891年	1892年	1893年
配当率	16%	18.2%	18.4%	18.4%	17.5%	15.5%	16.7%

（American Bell 電話会社の各年度*Annual Reports* より作成）

支配を実現した企業[237]といわれるAmerican Bell電話会社およびAmerican Telephone and Telegraph Company（以下AT&T社）を親会社とするBell Systemで検証する。資本主義経済の再生産構造における社会資本としての電話事業の属性は，社会的分業を媒介するとともに，生産過程と流通過程が直結しており，また電話設備の構成が非常に広範で固定的である。したがって，投下された資本の固定化が著しく，固定資本が相対的にも絶対的にも増加傾向にある。このことは，電話会社の経営にとって，固定資本の維持および管理が重要性を増し，固定資本の減価償却に関する会計処理が経営政策上の課題として認識されることになる。

1880年に設立されたAmerican Bell電話会社では，設立当初の資金需要から図表5－5に示すような高配当政策を行い，垂直的合併を推進して，急速な生産の集積と資本の集中によってBell Systemの原型を形成していった。この高配当政策を会計的に支える一つの手段が，固定資本の減価償却に関する会計処理として，廃棄法を採用することであった。

American Bell電話会社の1881年の損益計算書には，費用の部に減価償却費として2万1,502ドル53セントが計上されているが，その内容は廃棄および取替費である[238]。上述したように，廃棄法は原初資本投資が廃棄時期まで費用化されないため，最も資本を必要とする事業開始の初期年度には報告利益を最大化することができ，設立直後の電話会社では電話資産の平均的な減価を

237）松田裕之『AT&Tを創った人びと』日本経済評論社，1996年，1ページ。
238）American Bell Telephone Company, *Circular on Accounts,* April 25, 1881, p.9.

図表5－6　American Bell 電話会社利益処分計算書　1885年

Surplus Account, Dec. 31, 1884 .	$1,057,112 43	
Net Earnings of 1885 . . .	1.793,196 48	
Miscellaneous Items . . .	16,800 00	$2,867,108 91
Regular Dividends in 1885 . .	$1,170,192 00	
Extra Dividends in 1885 . .	392,044 00	
Reserved for Depreciation of Instruments	100,752 90	1,662,988 90
Surplus Account, Dec. 31, 1885 .		$1,204,120 01

(American Bell Telephone Company, *Annual Report*, 1885, p.13.)

決定できるような統計資料が欠如していたので，経営者にとって魅力的な方法であった。また，中村萬次教授は，廃棄法による会計処理は，廃棄および更新の時期を恣意的に決定することによって，利益の操作が可能であり，損益にチャージする金額の見積を必要とせず，実際支出の記入であるため，むしろ客観的であると主張することさえ可能であったと述べている[239)]。1885年の利益処分計算書（図表5－6）では，施設の減価償却のための準備金（Reserved for Depreciation of Instruments）として，10万725ドル90セントが掲記されている。純利益から控除される減価償却準備金の設定は，1885年からで，前年の年次報告書には，減価償却準備金の設定理由が述べられている。それは，Bostonにおける電話施設に陳腐化による急激な減価償却が発生していて，この更新には通常の2倍の費用が必要となり，新しいスイッチボードの設置が困難であるというものであった[240)]。そこで，American Bell 電話会社はBell System内の各社に向けた会計指示書のなかで，修繕や改良に要する費用が施設の老朽化に対応できておらず，各社の将来の収益に対して多額の費用負担が負わされることは明白であるから，準備基金を設定して，修繕や改良に対する

239）中村萬次『減価償却政策』中央経済社，1960年，77-78ページ。
240）American Bell Telephone Company, *Annual Report*, 1884, p.13.
241）American Bell Telephone Company, *Circular on Accounts*, April 25, 1884, p.1-4.

支出では補えない毎年の見積額を年次利益の一部によって充当すべきであるとした[241]。このように，1885 年からの減価償却の会計処理の変更は，設備の取替と更新を意識したもので，その根底には，急激な技術革新と市場規模の拡大による設備の陳腐化が存在する。このように，当該年度の純利益から準備金勘定に振替える方法は，1900 年に AT&T 社が Bell System の親会社となってからも，継続された。AT&T 社は，独占を目指して，買収や合併による企業結合を頻繁に行い，これらの企業結合に際して，資産評価における統一的な尺度の必要性が減価償却の会計処理に影響を与えた。G. O. May は，19 世紀から 20 世紀への世紀転換期にアメリカで行われた多くの企業結合の経験から「産業社会の合併過程において，合併されようとするいくつかの会社の会計を統一的基礎におくことが必要となった。このことは，ほとんど不可避的に，資本的項目を費用に賦課したもの（それは繁栄の波によって変化し，かつ不規則的な方法でなされた）を除去し，代わりに資産の消耗分を組織的かつ継続的な基礎によって費用に賦課することを必要とした」[242] と述べている。

減価償却会計の歴史のなかで AT&T 社を分析する意義は，同社が初めて定額法とグループ減価償却を採用したことである。AT&T 社は 1908 年に自社および子会社の所有する電話設備を分類し，その価値割合と耐用年数の調査を行った[243]。この調査が，1920 年代に AT&T 社が導入する，耐用年数の近いものをグループ資産として，分類し共通の償却率を使用するグループ減価償却の基礎となった。グループ減価償却は，二つ以上の資産を含む減価償却勘定にのみ適用されるもので，グループ内の個々の資産の耐用年数が平均耐用年数より長短に関わりなくその資産の残存をみる限りは，平均耐用償却率で償却されることになる。したがって，短命な資産の償却不足は長命な資産の償却超過分で補填されるので，廃棄損は計上されないことになる[244]。AT&T 社が所有す

242） G. O. May, *Financial Accounting a Distillation of Experience*, 1943. 木村重義訳『財務会計』ダイヤモンド社，1957 年，139-140 ページ。

243） *Annual Report of the Directors of the American Telephone and Telegraph Company to the Stockholders*, year ending December 31, 1908, pp.7-8.

244） 中村萬次『減価償却政策』中央経済社，1960 年，252-253 ページ。

図表5－7　AT＆T社比較損益計算書　1914年

BELL TELEPHONE SYSTEM IN UNITED STATES.

COMPARISON OF REVENUE AND EXPENSES, 1913 AND 1914.

(ALL DUPLICATIONS, INCLUDING INTEREST, DIVIDENDS AND OTHER PAYMENTS TO AMERICAN TELEPHONE AND TELEGRAPH COMPANY BY ASSOCIATED HOLDING AND OPERATING COMPANIES, EXCLUDED.)

	1913.	1914.	Increase.
Gross Revenue	$215,572,822	$225,952,123	$10,379,301
Expenses—Operation	$ 75,404,092	$ 81,396,219	$ 5,992,127
Current Maintenance ..	32,442,979	31,595,368	847,591*
Depreciation	37,739,991	41,496,240	3,756,249
Taxes	11,296,237	12,216,997	920,760
Total Expenses	$156,583,299	$166,704,844	$ 9,821,545
Net Revenue	$ 58,989,523	$ 59,247,279	$ 557,756
Deduct Interest	16,652,624	18,940,641	2,288,017
Balance Net Income.....	$ 42,036,899	$ 40,306,638	$ 1,730,261*
Deduct Dividends Paid ..	30,301,705	30,304,186	2,481
Balance for Surplus......	$ 11,735,194	$ 10,002,452	$ 1,732,742*

(*Annual Report of the American Telephone and Telegraph Company*, 1914, P.7)

るすべての資産に対して，減価償却に関する会計処理方法として，定額法を採用したのは，1913年からである。1913年の年次報告書において，継続的な陳腐化，施設や設備あるいはサービスの改良，遠距離通話の増加などからもたらされる電話設備の減価償却に対して，十分な準備の必要性があるとした上で，AT&T社およびその子会社で減価償却の会計処理の統一を図ったことが説明されている[245]。1914年の比較損益計算書（図表5－7）では，減価償却費（1913年3,773万9,991ドル，1914年4,149万6,240ドル）が費用項目として掲記されている。同年の年次報告書には，減価償却費に関する説明が掲載されている。AT&T社の減価償却の会計処理に関する方針は，適正で十分な減価償却準備金を設定し，それを維持するため営業費にチャージして目的外には使用しないというもので，この方針は，消費者および投資家の双方から指示されていると説明して

---

245) *Annual Report of the Directors of the American Telephone and Telegraph Company to the Stockholders*, year ending December 31, 1913, p.8.

いる。また，減価償却費の定義は，州際商業委員会の定義にしたがい，①当期の修繕ではカバーできない固定資本の使用による減価，②新発明および新発見，需要の変化，大衆の要求による時の経過，物理的変化あるいは廃棄の結果としての陳腐化あるいは不適合，③異常な事故等の財産の破壊による損失と明記している[246]。

AT&T 社のグループ減価償却および定額法の採用に関して，同社の副コントローラーである A. B. Cranden と副統計主任である D. R. Belcher は，定額法による減価償却が政府による営業費としての減価償却費の正式な認知に基礎をおくもので, AT&T 社の意見と一致したものであったと説明している。また，減価償却費は資産がサービスに使用される期間に適用されるので，その期間の営業費にチャージされるべきで，均等額をチャージする定額法は消費者に対して公平であると述べている[247]。さらに A. B. Cranden と D. R. Belcher は，電話設備資産のほとんどが電話会社の管理下になく，公共あるいは個人の影響を受けて，その状況が変化するものであり，電話設備資産の損耗率を確定することは困難である。したがって，AT&T 社は複雑な償却率計算の困難性を排除し，固定資本の原価を当該資産の耐用年数に均等に配分する定額法を採用したとしている。さらに AT&T 社の減価償却準備金は廃棄準備金であって，取替準備金ではないとした上で，成長し施設の拡大する企業とそうではない企業に分け，定額法採用の理由を説明している。すなわち施設の拡大しない企業においては，定額法による減価償却費は廃棄損とほぼ等しくなり，成長し拡大する企業では，定額法による減価償却費は廃棄損よりも大きくなる。成長し拡大する AT&T 社においては，利益の内部留保を高め，施設の拡大に合わせて一定額の減価償却費を計上する定額法は大きな意味を持つとしている[248]。

AT&T 社の減価償却政策は，Bell System の初期の段階では，資金需要を背

---

246) *Annual Report of the Directors of the American Telephone and Telegraph Company to the Stockholders,* year ending December 31, 1914, pp.5-6.

247) A. B. Cranden and D. R. Belcher, "The Straight-Line Depreciation Accounting Practice of Telephone Company in the United States", *Bell Telephone Quarterly,* October 1929, pp.263-264.

景として資本集中を図るため，相対的に利益を過大に表示する廃棄法を採用し，独立系電話会社との競争が激化する時期においては，これに対抗し，陳腐化の問題を解決するために，設備の廃棄・更新を意識した減価償却準備金の設定と維持を基礎として利益の内部留保を高めていった。さらに一定の独占支配が実現する時期においては，経営政策の一環として恣意性の強い資産のグループ化を行い，これを減価償却の基礎として，グループ減価償却を採用し，さらなる拡大と将来を見越した料金決定を念頭に置いた定額法が採用された。このような一連のAT&T社の会計政策は，その後の現代会計理論形成に多大な影響を与えたのである。

V　減価償却と会計理論

近代会計理論の生成と確立の過程で，減価償却に関する会計技法は，常に中心的な課題であった。さらに，産業資本の確立過程を基盤とする近代会計理論の中核に位置する減価償却会計の確立は，擬制資本の計算を本旨とする現代会計理論生成の道標となった。産業資本生成期には，使用による損耗よりも，産業革命を基因とする経済的減価による減価の発生が減価償却の本質的認識の基点となった。

1840年代の鉄道会計における減価償却の会計処理は，鉄道会社が鉄道業の技術革新と設備更新を通じて，経済的減価との関連で減価償却の意義を考慮していたことが明らかとなった。減価償却準備金は，当初，偶発準備金として設立されたが，原初資本の保全を優先する機能資本家と配当と株式プレミアに関

248）A. B. Cranden and D. R. Belcher, "The Straight-Line Depreciation Accounting Practice of Telephone Company in the United States", *Bell Telephone Quarterly*, October 1929, pp.265-266. この点に関して料金政策との関係を指摘する論者もいる。小澤康人教授は「拡大していく企業では廃棄損の金額は定額法よりも小さくなる，その小さな金額を基準として料金決定を行えば，将来，財政的な危機に陥る」と述べている（小澤康人「アメリカ電信電話会社における減価償却の展開」新井清光編著『財務会計の基礎』中央経済社，1983年，227ページ）。

心を持つ無機能資本家との利害調整の用具として機能した。費用配分概念はこのような対立を基盤として生成する。資本の有機的構成が高度化する鉄道会社では，収益性の確保に対しては一定の条件が満たされるが，財務上の安定性は脅かされることになる。しかしこのような状況下でも，減価償却が財務上の安定性を目指して投下資本の回収を実現させるためには，原価構成要素としての減価償却を含む商品を媒介とした貨幣転換が行われなければならない。したがって鉄道会社を取り巻く経済環境の変化，すなわち好不況の波が減価償却の認識を促進する重要なファクターとなる。

減価償却の歴史を概観すると，初期の段階から，企業経営者の関心は，物理的減価ではなく経済的減価すなわち陳腐化や不適応に向けられていたことがわかる。特に運河会社や鉄道会社のように資本の有機的構成が高度化した産業では，この点が顕著である。物理的減価は比較的容易に認知できるが，鉄道工学の発達や開発による経済的減価は感知できる場合もあるが，一般的には感知が難しい事象である。企業経営者にとっては，経済的減価こそが減価償却の中心的な課題であり，この会計処理を精緻化することが重要な課題であった。

アメリカ鉄道では，19 世紀末の金融グループによる再編成過程で，「人為的に拡大された擬制資本と機能資本の差額の簿記的処理」[249] の会計が現代会計理論の基点となった。その中で減価償却会計は，固定資本の流動化を通じて，金融的な側面が重視され，キャッシュフロー計算書を軸とした，資金の管理に結びついていった。この点は，鉄道以外の一般企業，たとえば AT&T 社などに継承されていくことになる。

249）中村萬次『米国鉄道会計史研究』同文舘，1994 年，142-143 ページ。

第6章 過大資本化の会計史

I アメリカ産業資本確立期の財務と会計

19世紀から20世紀への世紀転換期において，アメリカにおける産業の発展は急速に進み，1880年代には，工業への資本投資は37億3,000万ドルに達し，工業生産高は40億ドルに増大した[250]。その後企業合併による第1次合併運動（1890-1902）には，銀行資本と産業資本の急激な融合が進み，この過程を通じて金融資本主義への移行が完結した。第1次合併期における資本構造の特徴は，持株会社（holding company）形態による金融支配である。この第1次合併期を代表する持株会社であるU. S. Steel社は，当時の最大の鉄鋼会社であるCarnegie Steel社をはじめとする，主要鉄鋼会社8社と多くの鉱山会社や汽船会社など26社を合併して，資本合計約16億ドルの会社となった[251]。U. S. Steel社は，合併に際して，現金による直接買収や，構成会社の株式の取得に関して現金の授受を行わず，水増した証券を交付する方法をとったため，過大資本化（over-capitalization）が発生した。A. Berglundによれば，1901年当時，資本金1億6,000万ドル，社債の額面8,814万ドルのCarnegie Steel社の株式取得にあたって，U. S. Steel社の優先株9,827万ドルと普通株9,027万ドル，担保付き社債3億400万ドルを交付した[252]としている。持株会社は，有価証券を媒介として生産会社である子会社を支配し，子会社は孫会社を支配する。支配の頂点に立つ持株会社は，金融資本によって統制されている。第1次合併期に鉄鋼生産の65%を生産したU. S. Steel社を支配したのは，当時のアメリ

250）中村萬次『会計政策論』ミネルヴァ書房，1977年，5-6ページ。
251）*The Commercial and Financial Chronicle,* Feb. 1st, 1902, pp.272-273.
252）A. Berglund, *The United States Steel Corporation,* 1907, p.70.

カ最大の銀行家 J. P. Morgan であった。

第 1 次合併運動における合併を通じて，株式水増し（stock watering）や過大資本化といった財務政策が常態化していくことになるが，この株式水増しや過大資本化は，これ以前の 1860 年代のアメリカの鉄道建設を通じて顕在化した財務政策である。すなわち，19 世紀におけるアメリカ鉄道会社は，生産の集積と資本の集中を促進し，その独占形成が株式会社制度を媒介として行われたことによって，資本市場の発達を促した。アメリカ鉄道会社は資本市場の中心的な存在であったために，証券の擬制資本としての運動を前提とした種々の財務政策が開発された。株式水増しや過大資本化である。

E. S. Meade は，株式会社における資本化とは，株式と社債の発行額面総額であるとした上で，過大資本化とは，会社証券の額面総額が，利益を基礎とした（based on profit）資産の実際価額（actual value of the assets）を超える状態をいい，反対に会社証券の額面総額が，利益を基礎とした資産の実際価額を下回る場合は過小資本化（under capitalization）と定義している[253]。これに対して H. C. Bentley は，企業において「資本化」という用語は，通常，企業の総払込資本金（total authorized capital stock）を意味する。これは，発行されているか否かにかかわらず，普通株と優先株の両方を含むものであるが，社債あるいはその他の会社負債（corporate obligation）は含まない[254]と主張する。しかし，H. C. Bentley の理論は，明らかに株式水増しと過大資本化との概念的な混同がみられ，正確性に欠けるものがある。F. C. Cleveland と F. W. Powell も株式水増しと過大資本化は同義語ではなく，異なる概念であるとした上で[255]，過大資本化を企業の資本的資産（capital assets）の価値を超過する資本的負債（capital liabilities）と発行株式の合計額と定義している[256]。過大資本化と株式水増しの

253）E. S. Meade, *Trust Finance*, 1920, pp.290-291. なお，E. S. Meade は，会社証券が額面価格で売却できる場合は，適正資本化（proper capitalization）になるとしている。

254）H. C. Bentley, *Corporation Finance and Accounting*, 1908, p.391.

255）F. C. Cleveland and F. W. Powell, *Railroad Finance*, 1919, p.34.

256）F. C. Cleveland and F. W. Powell, *Railroad Finance*, 1919, p.324.

定義上の相違を明確にすれば，過大資本化は名目的な擬制資本が機能資本の価値を上回る関係をいい，株式水増しは，新株の割引発行のように受け入れた対価が実体資本（real value）よりも少ない場合に生じるものである。E. S. Meadeも述べているように資本化を株式と社債の額面総額とするならば，過大資本化は，資産の実際価値と株式と社債の額面総額との関係で捉えることができる。株式や社債の額面総額は把握することが困難ではないので，過大資本化における過大か否かの基準は，資産の実際価値の測定に依存することになる。しかし，資産の実際価値の測定は困難で，資本が過大であるか否かを判断する基準を資産の原価あるいは時価に求めるものと，収益に求めるものがあり，多様な定義がなされてきた[257]。

Ⅱ　W. Z. Ripleyの過大資本化論

多くのアメリカ鉄道会社の実務を検討したW. Z. Ripleyは，過大資本化を物的資産（physical assets）に対する有価証券の過剰発行と定義した上で，過大資本化が発生する要因について分析している[258]。

1．建設時における過大資本化

多くのアメリカ鉄道建設の場合，鉄道プロモーターは建設会社を組織し，過大な価格で建設契約を結んでいった。建設会社はある部分の建設のために必要

257）たとえば，W. C. L. Taylorは，過大資本化の定義を，設備の生産あるいは再生産を上回る資本化であるとしている（W. C. L. Taylor, "Over-Capitalization Should be Against the Rules of Financial Game", *The Journal of Accountancy*, Vol.4, September, 1907, p.326.）。また，高寺卓男教授は，過大資本化を会社証券，特に株式の額面総額が資産の製作価値または時価を超える超過額，あるいは会社証券，特に株式の額面総額が収益還元価値または株価総額を超える超過額と定義している（高寺卓男・醍醐　聡『大企業会計史の研究』同文舘，1979年，4-5ページ）。

258）W. Z. Ripley, "Railroad Over-Capitalization", *Quarterly Journal of Economics*, August, 1914, pp.601-602.

な資金を調達して建設を開始し，その部分が完了すると，鉄道会社から株式や社債を受取り，その販売や担保金融によって得た資金で，次の部分の建設を手配していく。これを繰り返しながら建設を完成させる。その後，この建設会社は解散するが，その利益は鉄道会社から受取った会社証券と鉄道建設の実際原価との差額である。鉄道建設の実際原価と株式や社債の発行は無関係で，建設原価を超過する株式や社債の発行が可能な限り行われた。結局，建設会社を組織した鉄道プロモーターの目的は，無償で自分自身に発行された株式を，できる限り少なく支払い，社債発行によってできる限り資本を集めることであった。アメリカ鉄道は，このような建設期の状況から，過大資本化した。たとえば，Northern Pacific 鉄道では，1874 年までに建設された 600 マイルの鉄道に対する実際支出 2,200 万ドルに対して，1 億 4,300 万ドルの資本化が行われ[259)]，Southern Pacific 鉄道においても，650 万ドルの建設原価に対して，1,500 万ドルの資本化がなされた[260)]。このようなアメリカ鉄道建設期の過大資本化は，上述したような内部建設会社の介入以外にも，いくつもの複雑な要因が絡み合っている。たとえば，アメリカ国内における鉄道建設資金の不足や連邦政府及び州政府の大規模な援助などである。その典型的な事例は，1868 年に完成する大陸横断鉄道の Union Pacific 鉄道である。1862 年に制定された大陸横断鉄道法[261)]では，鉄道建設にあたって，①授権資本額は 1 億ドル（額面 1,000 ドルで 10 万株発行）とする。② 2,000 株以上の応募と，それに対する 10% の払込が行われた時点で，応募者に対して取締役会を組織する権限を与える。③鉄道建設完了 1 マイルにつき鉱山地区を除いて，路線の両側 5 平方マイルずつの公有地を贈与する。④連続した 40 マイルの鉄道建設が完了するごとに，公有地

259）F. Parsons, *The Railway, the Trust and the People,* 1906, p.106.

260）E. R. Johnson, *American Railway Transportation,* 1906, p.88.

261）この法律の正式名称は「郵便，軍事その他の目的のため政府に対する同時使用の保証を含むミシシッピィ川から太平洋に至る鉄道と電信線の建設を援助する法律」（An Act of to aid in the construction of a Railroad and Telegraph Line from the Mississippi River to the Ocean, and to secure to the Government the use of the same for postal, military, and other purposes）である。

の譲渡証が交付される。⑤さらに40マイルの鉄道建設完了に対して，平原地帯では1マイルにつき1万6,000ドル，高原地区では3万2,000ドル，山岳地区では4万8,000ドルの合衆国公債が貸与される。⑥鉄道及びその付属施設の建設にあたっては，合衆国で生産された鉄を使用するという条件が定められていた[262]。さらに，州政府からの援助は，①州政府による株式の応募。②鉄道債券の直接購入もしくは建設債券の保証などの信用貸付。③州の土地払い下げ。④州政府による測量費の負担などであった[263]。

当時の鉄道建設の金融で特徴的なことは，株式での資金調達が難しく，社債を大量発行して建設資金を調達したことである。多くの場合，株式は社債を販売するためのボーナスとして，無償で発行された。過大資本化された多くの鉄道会社は，営業開始後の収益によって，利子および配当を支払うことができるので，将来の収益に対して資本は過大ではないと主張した。資産価値や収益力の測定は難しく，これらの価値を反映する株式や社債の市場価格がその拠り所となる。収益が利子率で還元され，擬制資本が成立すると，株価と額面金額との間に乖離が生じる。社債の場合，比較的測定可能であるが，株式の場合，実際に払い込まれた金額，すなわち資産の実際価格が株式額面総額を大きく下回れば，株価は額面以下に下落する。しかし，理論的にはこの資産の運用によって，市場利子率を少しでも上回る配当率があれば，株価は維持できる。つまり，株式の額面金額に対して，払込金額が下回った場合，払込金額によって取得された資産の実際価格を基準とすれば，過大資本化が生じていることに

---

262) Union Pacific鉄道は1863年末に建設を開始するが，すぐに資金難に陥り，建設が中断したため，議会を買収して，大陸横断鉄道法の修正法を通過させている。これが，1864年大陸横断鉄道修正法で，主な修正点は，①額面1,000ドルで100,000株発行の株式を，額面100ドルで1,000,000株発行に変更。②鉄道建設完了1マイルごとに贈与する土地を路線の両側各5マイルから10マイルに。③鉱山地区のうち，鉄と石炭の鉱区については，新たに公有地贈与の対象とする。④公有地譲渡証の交付及び合衆国公債の貸与条件を鉄道建設完了40マイルごとから20マイルごとに。⑤鉄道及び電信線を抵当に政府貸与公債発行額を限度として，これと同じ条件で，第1抵当社債の発行を認めるというものである（N. Trottman, *History of Union Pacific*, 1923, p.14. ）。

263) H. U. Faulkner, *American Economic History,* 1954, p.481.

なるが，収益を基準とする場合，市場利子率を前提として，株価と額面金額を等しい水準に維持できる利益が得られれば，過大資本化は生じないことになる。したがって，収益力を基準として鉄道建設の際に，大量に株式や社債を発行しても，それに見合う独占的な高利潤が予想される場合には，資産の実際価格を資本化が上回っても過大資本化は生じないことになる。このような論理は，後の第1次合併運動の時の証券交換による大規模な企業合同の際に，株式の大量発行を正当化する論理となったのである。

2. 有形固定資産の更新時の過大資本化

W. Z. Ripleyによれば，有形固定資産の更新にあたり，その資金を有価証券の発行によってまかなう場合，過大資本化が発生する可能性がある[264)]という。W. Z. Ripleyが分析した1906年までの鉄道会計実務では，有形固定資産の更新にあたって，更新費が旧設備の価額を超過する場合には，この差額を資本化する廃棄法が採用されていた。1906年の州際商業法において取替法が規定されることになるが，廃棄法は取替法に比べ明らかに資産の過大表示をもたらすことになる[265)]。また，H. C. Adamsは，価値の減耗した有形固定資産の取替を繰り延べることによって，営業費に対応する記帳を無くして有形固定資産を減耗させたままの状態にして，営業収益を過大に報告することが可能であると述べている[266)]。

3. 蓄積された剰余金の取崩

W. Z. Ripleyは，剰余金の取崩によって発生する過大資本化について，企

---

264) W. Z. Ripley, "Railroad Over-Capitation" *Quarterly Journal of Economics*, August, 1914, p.601.
265) T. F. Woodlock, *The Anatomy of Railroad Report and Ton-mile Cost*, 1895, p.14.
266) H. C. Adams, *American Railway Accounting*, 1918, p.99.

業の剰余金は，現金（cash），流動資産（quick capital），市場性のある資産（marketable bassets）に限定されて構成されるわけではなく，損益勘定は単に貸借対照表の資産と負債との差額について貸借を均等にするだけで，剰余金が充分あるように見えても，実体は曖昧なものであるとした上で，剰余金は特定の資産の評価に依存しており，たとえば，有形固定資産勘定に記入される償却額で，その簿価は変動し，たとえ資産の評価が適切であったとしても，剰余金は擬制的（factious）であると述べている[267)]。さらに，W. Z. Ripleyは，American Telephone社がWestern Union社を買収した際に，その剰余金1,880万ドルの2/3以上の額を即座に償却した事例やIllinois Central鉄道の剰余金取崩の事例をあげ，剰余金の大部分は現金基金や換金性のある証券ではなく，将来の使用に対する過去の表示にすぎず，その結果，現存する設備について，陳腐化や減価の危険に対する投資が必要となる。しかし，それは多額の支出によって創出された名目上のものにすぎない[268)]としている。また，F. F. BurchettとC. M. Hicksは，好況時に通常レートで，現在の利益を資本化することは通常，過大資本化を招くと述べている[269)]。

4．負債の借換時の過大資本化

負債の借換時における過大資本化は，その時点で過大資本化が発生するというよりも，従来から過大に発行されていた会社証券を継承するという場合が一般的である。W. Z. Ripleyによれば，公的なサービス企業においては，負債の借換時点において，行政府の過大資本に対する判断が下される機会となると述べている[270)]。

267）W. Z. Ripley, "Railroad Over-Capitation" *Quarterly Journal of Economics*, August, 1914, p.606.

268）W. Z. Ripley, "Railroad Over-Capitation" *Quarterly Journal of Economics*, August, 1914, pp.606-607.

269）F. F. Burtchett and C. M. Hicks, *Corporation Finance,* 1948, p.268.

270）W. Z. Ripley, "Railroad Over-Capitation" *Quarterly Journal of Economics*, August, 1914, p.616.

5．他社買収時の過大資本化

企業の買収による合併に際しての過大資本化は，第1次合併運動で一つのピークを迎えるが，それ以前の1870-1880年代の鉄道会社においてすでに常態化していた。後述するように，大陸横断鉄道のUnion Pacific鉄道が，Kansas Pacific鉄道およびその子会社であるDenver Pacific鉄道との統合によって，水増しされたKansas Pacific鉄道とDenver Pacific鉄道の株式と実際価値を上回る社債が，Union Pacific鉄道に移転されている[271]。N. Trottmanによれば，Kansas Pacific鉄道の株式，額面総額1,000万ドルおよびDenver Pacific鉄道の株式，額面総額400万ドルが結合によって，それら架空の資本化（fictitious capitalization）を新しいUnion Pacific鉄道に移転させた。また，Kansas Pacific鉄道の合計3,000万ドルを上回る第1抵当社債，政府補助社債，結合抵当社債，若干の旧未償還社債等が新しいUnion Pacific鉄道に引き継がれた。Kansas Pacific鉄道の子会社の諸証券が実際価値（real value）と関係ない価格で新しいUnion Pacific鉄道に引継がれたと述べている[272]。この結合によって，各鉄道の水増しされた巨額の擬制資本と膨張された長期負債が，新しいUnion Pacific鉄道に引継がれたのである。

第1次合併運動の時期に設立されたU. S. Steel社の場合，1911年のアメリカ会社局の報告書によれば，旧会社の株主に交付された優先株，普通株，社債のうち少なくとも普通株の交付はすべて「水」を意味したとしている[273]。当該報告書の調査は，U. S. Steel社の資本化総額（優先株5億1,020万5,743ドル，普通株5億822万7,394ドル，社債3億8,441万3,680ドル）を①合併会社の有形資産評価総額6億7,000万ドル，②合併会社の有価証券の市場価格の合計額7億9,300万ドル，③引き継いだ資産の種類別合計額6億8,200万ドルの三つの評価額と

271）N. Trottman, *History of Union Pacific*, 1923, p.168.
272）N. Trottman, *History of Union Pacific*, 1923, pp.168-169.
273）*Report of the Commissioner of Corporations on the Steel Industry, Part I, Organization, Investment, Profit, and Position of United States Steel Corporation*, 1911, p.241.

比較したものである[274]。たとえば，①の有形資産評価総額との比較においても，過大資本化額は7億3,218万6,817ドルということになる。一般にこの時期の合併においては，旧会社の株主に交付された新会社の優先株と社債は，資産の実際額と見合っていたが，普通株は，合併後にもたらされる経済的便益と考えられるのれんなどを資本化したものであったため，これを正確に測定することはできないので，普通株の交付はプロモーターの裁量に任されていた[275]。したがって，交付された証券は，大量に水増しされたものになっていた。

また，W. Z. Ripleyによれば，株価が50ドルである株式をもつ弱小企業が，株価150ドルの企業に買収される場合，買収企業は，被買収企業の50ドルの株と自社の発行する新株を1対1で交換する。このような実務は，20世紀初頭の企業合同によって，巨大企業が形成された際に広く用いられた方法である[276]。この証券の交換による企業合同では，合同企業の資本化総額をはるかに上回る会社証券が合同によって設立する新会社によって発行されることになる。この株式等の追加発行を正当化する根拠として，合同による超過収益力の資本化という論理が用いられた。また，佐合紘一教授は，収益力の資本還元額を過大資本化の基準として，その収益力の過大評価が行われ，過大な資本が設定される理由として，以下の5つを挙げている[277]。①資本額が大規模であれば，強力な独占力を有しているという印象を投資家に与え，証券の販売が容易になった。②市場占有度を高めるためには多数の企業を合同に参加させる必要があったが，そのための誘引として大量のボーナス株が発行された。③企業合同に必要な現金を節約するために証券交換による合同が行われたが，証券交換

---

274) *Report of the Commissioner of Corporations on the Steel Industry, Part I, Organization, Investment, Profit, and Position of United States Steel Corporation*, 1911, p.112.

275) C. R. Ven Hise, *Concentration and Control, a Solution of the Trust Problem in the United States,* 1921, p.28.

276) W. Z. Ripley, "Railroad Over-Capitalization" *Quarterly Journal of Economics*, August, 1914, p.617.

277) 佐合紘一「エクイティファイナンスと過大資本化－過大資本（オーバー・キャピタリゼーション）の歴史と現代－」『大阪市立大学証券研究年報』第5号，1990年，6ページ。

を促進するためにもボーナス株が発行された。④金融業者から過大な金融利得の要求があった。⑤一般産業株は，投機的な取引の対象とされており，そのためには株価が低い方が適していた。

6．会社更生時の過大資本化

W. Z. Ripley によれば，会社更生時は鉄道であろうと一般産業であろうと，その資産に関係なく，資本化の増加のためには絶好の機会であるという[278]。

Reading 鉄道の倒産に端を発した 1893 年の恐慌では，Union Pacific 鉄道を始めとして Atchison, Topeka and Santa Fe 鉄道，Erie 鉄道，Northern Pacific 鉄道などの巨大鉄道が倒産した。呉天降教授によれば，1893 年の 1 年間だけで，倒産した鉄道会社の距離は，全体の 1/6 にあたる 3 万マイルに達し，倒産鉄道会社の総資産額は，17 億 800 万ドルを超えるものであったという[279]。倒産した Union Pacific 鉄道の再編成にあたって，クーン・ローブ商会を中心としたレシーバーシップ制のもとでの更生プランが動き出すこととなった。この更生プランは，現存する担保付社債の償還基金として，第 1 抵当権付土地譲渡 50 年 4% ゴールド社債 1 億ドル，4% 優先株 7,500 万ドル，普通株 6,100 万ドルの 3 種類の証券を発行するというものであった[280]。旧社債と新社債および新株式との交換率が決定され，旧会社の普通株と新会社の普通株が 1 対 1 で交換されることになり，株主には 1 株につき 15 ドルのアセスメントがかけられた[281]。クーン・ローブ商会は 1,500 万ドルを限度とする融資を認め，その見返りとして優先株 600 万ドルを受け取ったのである[282]。

W. Z. Ripley は，過大資本化が一般化していく中，独占的な高利潤を獲得し

---

278) W. Z. Ripley, "Railroad Over-Capitalization" *Quarterly Journal of Economics*, August, 1914, p.272.

279) 呉　天降『アメリカ金融資本成立史』有斐閣，1971 年，101 ページ。

280) N. Trottman, *op. cit.*, pp.262-263.

281) S. Daggett, *Railroad Reorganization*, 1908, p.250.

282) W. Z. Ripley, "Railroad Over-Capitalization" *Quarterly Journal of Economics*, August, 1914, p.251.

てきた巨大鉄道会社が，内部蓄積をはかる会計実務を取り始めていたことを指摘している。たとえば，Pennsylvania 鉄道が数年間にわたって，その利益の半分を任意の設備の再投資にむける「1 ドル対 1 ドル」政策を採用し，1887 年から 1911 年までに当該鉄道の全建設費の 2/3 にあたる 2 億 6,200 万ドルが収益化から支線に再投資された。Chicago and Western 鉄道では，同様の方法で，1913 年までの 20 年間に純利益 2 億 20 万ドルのうち 7,700 万ドルが収益からの改良支出に対する直接的な充当，剰余金勘定に振替えられた損益，あるいは未処分の形で分割されたと述べている[283)]。

Ⅲ アメリカ鉄道の過大資本化

上述したように，アメリカ大陸横断鉄道の建設期や合併時には過大資本化が顕著である，特に，Union Pacific 鉄道では，建設期に同社のプロモーターであった T. C. Durant が行った内部建設会社を媒介とした財務政策によって，T. C. Durant はプロモーター利得を獲得し，Union Pacific 鉄道は過大資本化した。T. C. Durant は，Union Pacific 鉄道建設にあたって，すでに買収済みで金融会社（1859 年 Pennsylvania 州で認可）のチャーターを利用して，Credit Mobilier of America という名の建設会社（construction company）を資本金 200 万ドルで設立した[284)]。Central Pacific 鉄道においても，鉄道建設のすべての資材の買付，建設工事の運営を担当する権利を付与された，内部建設会社である Credit and Finance Corporation が設立された。Central Pacific 鉄道の取締役たちは，この会社の株式を独占して，政府及び投資家から受け取った社債や株式及び現金をこの会社に工事代金として，建設原価を超過する金額を支払った。その超過額は，3,600 万ドルに及ぶとされている[285)]。一般に鉄道

283）W. Z. Ripley, "Railroad Over-Capitalization" *Quarterly Journal of Economics*, August, 1914, pp.608-609.

284）R. Hazard, *The Credit Mobilier of America*, 1881, pp.3-42.

285）M. Josephson, *The Bobber Barons*, 1934, p.87.

プロモーターは内部建設会社を組織して，過大な価格で建設契約を結んでいる。内部建設会社はある部分の建設のために必要な資金を調達して建設をはじめ，その部分が完了すると，鉄道会社から株式や社債を受け取り，その販売や担保金融によって得た資金で，次の部分を建設していき，これを繰り返して建設を完成させる。その後内部建設会社は解散するが，その利益は鉄道会社から受け取った証券と鉄道建設の実際原価の差額である。鉄道建設の実際原価と株式や社債の発行は無関係で，建設原価を超過する株式や社債の発行が可能な限り行われた[286)]。結局，内部建設会社を組織した鉄道プロモーターの目的は，無償で自分自身に発行した株式によって鉄道を支配し，社債発行によってできる限り資本を集めることであった。

Union Pacific 鉄道完成から3年後の1872年に，Credit Mobilier に関するスキャンダルが明らかとなった。1872年9月に New York Sun 誌が Union Pacific 鉄道の社長であり，Credit Mobilier の大株主でもあった O. Ames が同僚の H. S. McComb に宛てた書簡を公表した。この書簡は連邦議会議員との不正な関係をその内容としていたため，連邦議会は二つの調査委員会を設置して，調査を行うこととした。一つは，L. P. Poland 議員を委員長とする Credit Mobilier と連邦議会議員の関係を調査する委員会で，もう一つは，J. M. Wilson 議員を委員長とする Credit Mobilier と Union Pacific 鉄道の関係を調査する委員会であった。Wilson 委員会は，1873年2月に Union Pacific 鉄道建設期の過大資本化の実態を明らかにした報告書（*House Report, No.78, 42Cong., 3rd sess, The Select Committee of House on Affairs of Union Pacific Railroad, Hon. J.M.Wilson chairman, Report and Testimony*, 1873, - 以下 Wilson 報告）を提出している。

Wilson 報告では，Union Pacific 鉄道の監査人で，Credit Mobilier のトレジャラーであった B. F. Ham によって提出された鉄道建設における建設契約者の原価と Union Pacific 鉄道の原価が報告されている（図表6－1）。

Wilson 報告では，契約者である Credit Mobilier の原価と Union Pacific 鉄道

286）E. R. Jhonson, *American Railway Transportation*, 1906, p.88. F. Parsons, *The Railway, the Trusts and the People*, 1906, p.106.

図表6－1　建設契約者の利益の計算

	Union Pacific 鉄道の原価	契約者の原価
Hoxie 契約…………	$12,974,416.24	$7,806,183.33
Ames 契約…………	57,140,102.94	27,285,141.99
Davis 契約…………	23,431,786.10	15,629,633.62
合計	$93,546,287.28	$50,720,958.94

(*House Report, No. 78, 42Cong., 3rd sess, The Select Committee of House on Affairs of Union Pacific Railroad, Hon. J.M.Wilson chairman, Report and Testimony*, 1873, p.12.)

の原価の差額である 4,282 万 5,328.34 ドルに加え，Credit Mobilier に対して 59 マイル分の追加支払があったとして，その額 110 万 4,000 ドルを加算して，建設契約者の利益を 4,392 万 5,328.34 ドルとしている[287]。鉄道建設契約者の原価 5,072 万 958.94 ドルの決済は政府補助公債および第一抵当社債の受入によって償還されている。両社債の売却による正味受取額は図表6－2のようになる。

Union Pacific 鉄道建設にあたって，その資金源泉として発行された証券は，政府補助公債，第一抵当社債，収益社債，土地払下社債，株式などがあるが，収益社債は車輌の購入に充てられているため，これを除き，図表6－2の剰余金と株式および土地払下社債の合計額が，建設原価を超過する証券の合計額，すなわち Union Pacific 鉄道建設期の過大資本化額となる（図表6－3)。

大陸横断鉄道である Union Pacific 鉄道の過大資本化のもう一つの側面は，合併による過大資本化である。1869 年に完成した Union Pacific 鉄道は，建設時の過大資本化が会社財務に大きな負担となっていた。さらに 1873 年の恐慌によって財政状態が悪化し，株価は下落した。この時期に New York の投機家であった J. Gould は，額面の 20 ～ 30％であった Union Pacific 鉄道株の発行

287）*House Report, No.78, 42Cong., 3rd sess, The Select Committee of House on Affairs of Union Pacific Railroad, Hon. J. M. Wilson chairman, Report and Testimony*, 1873, p.17.

図表6－2　社債売却による正味受取額

第一抵当社債	$27,213,000.00
売却にあたっての割引額	3,494,911.23
正味受取額	$23,718,008.77
政府補助公債	$27,236,512.00
売却にあたっての割引額	91,348.72
正味受取額	$27,145,163.38
両債券からの受取額	$50,863,172.05
契約者の原価	50,720,958.94
剰余金	$　142,213.11

(*House Report, No. 78, 42Cong., 3rd sess. The Select Committee of House on Affairs of Union Pacific Railroad, Hon. J. M. Wilson chairman, Report and Testimony*, 1873, p.17.)

図表6－3　Union Pacific鉄道建設期の過大資本化

剰余金	$　142,213.11
株式資本	36,726,300.00
土地払下社債	10,400,000.00
建設原価を超過した証券合計額	$47,304,513.11

(*House Report, No. 78, 42Cong., 3rd sess. The Select Committee of House on Affairs of Union Pacific Railroad, Hon. J. M. Wilson chairman, Report and Testimony*, 1873, p.17.)

済資本金総額の1/3にあたる100,000株を取得し，1874年にはUnion Pacific鉄道の取締役会の議長に選出され，さらに1878年末までには約20万株を取得して[288] Union Pacific鉄道の支配を確立している。Union Pacific鉄道を支配したJ. Gouldは，1882年までにKansas Pacific鉄道，Missouri Pacific鉄道，Missouri Kansas & Texas鉄道，Erie鉄道などを取得し，アメリカ鉄道路線総マイル数の15%に当たる1万5,854マイルの路線を支配した[289]。

1880年J. Gouldは，前年に取得済みであったKansas Pacific鉄道[290]の株式（1ドルにつき12.5セント，資本金総額の43%）を利用し[291]，Union Pacific鉄道に対して，Kansas Pacific鉄道およびその子会社であるDenver Pacific鉄道との対等合併を画策し，それに成功を収めている[292]。この合併によって，水増しされたKansas Pacific鉄道およびDenver Pacific鉄道の株式と，実際価値を上回る社債が新会社であるUnion Pacific鉄道会社（Union Pacific Railway Company）に移転されたのである。

Ⅳ　過大資本化の会計

アメリカ大陸横断鉄道であるUnion Pacific鉄道建設において，取締役たちは内部建設会社を組織し，過大な価格で建設契約を結び，建設を推進した。内部建設会社は，初期の建設に必要な資金を調達して，建設を開始し，建設が完了すると，鉄道会社から株式や社債を受取り，その販売や担保金融によって得た資金で，次の部分の建設を手配しこれを繰り返しながら建設を完成させる。内部建設会社の利益は，鉄道会社から受取った会社証券と鉄道の実際建設費用との差額である。鉄道建設の建設費用と株式や社債の発行は無関係で，建設費用を超過する株式や社債の発行が可能な限り行われた。ここに，過大証券化というべき事象が成立し，会計的には過大資産表示として発現する。上述したように，過大資本化をもたらす財務的原因は，建設以外にも，合併や有形固定資産の更新時など多様であるが，会計的には資産の過大表示となる。

American Railway Accounting の著者であるH. C. Adamsによれば，当時

288）N. Trottman, *History of Union Pacific,* 1923, p.54.

289）J. Grodinsky, *Jay Gould, His Business Career, 1862-1893,* 1987, p.354.

290）Kansas Pacific鉄道は，Union Pacific鉄道と同様に1862年法及び1864年修正法によって建設された鉄道会社である。しかし，政府援助の条件は，Union Pacific鉄道よりも厳しく，建設機にかなりの過大資本化が発生していた（村田直樹『鉄道会計発達史論』日本経済評論社，2001年，246ページ）。

291）N. Trottman, *History of Union Pacifc,* 1923, p.122.

292）J. Gouldは，Union Pacific鉄道の株式（1ドルにつき93セント）とKansas Pacific鉄道の株式（1ドルにつき9-13セント）との1対1の交換によって，3,172.728ドルの差益を得ている（中村萬次『米国鉄道会計研究』同文館，1994年，107ページ）。

(1860年-1870年代) の会計実務では，鉄道会社の有形固定資産の簿価は，実際の投資額を表すとは限らず，鉄道建設に必要な資金を調達するために発行された諸証券の現在価額を計上したので，貸借対照表借方は，路線及び車輌もしくは資産とし，貸方にその建設資金を調達するために発行した株式と社債の額面額を掲記した[293] と述べている。つまり，鉄道の建設費用に充当するために発行した証券の額面総額を，社債+ボーナス株式による金融，あるいは株式が割引発行された場合でも，等価交換が成立したと考えて，建設勘定にそのまま借記する方法である。このように水増資本を有形固定資産に混入させる方法では，株式の割引額を明確に表示しないため，非難の対象となる。そこで，証券の割引額を明示するために，建設勘定と証券の額面総額の対照勘定で証券割引勘定に分離して表示する方法を採用する場合もあった。しかし，アメリカの鉄道会社が多く採用した方法は，証券の割引額をのれんやフランチャイズ[294] といった無形資産として表示する方法である。この方法は，株式の割引額やボーナス株式などの資本の水増額を無形資産に仮装するもので，のれんやフランチャイズなどの名称が付けられているが，その実体は架空の勘定である。

たとえば，社債100ドルとボーナス株（額面100ドル）を発行して，現金100ドルを得て，100ドルの路線及び車輌を建設した場合，その貸借対照表は，以下のようになる。

加藤盛弘教授によれば，水増資本を有形固定資産に混入するか無形資産として表示するかは[295]，将来の期待独占利潤と減価償却政策によって決定されたと述べている[296]。重要なことは，架空資本をのれんやフランチャイズという項目で無形固定資産として表示することで，機能資本に仮装する会計処理が行われたことである。その根拠となったのは，のれんが超過収益力であるという論理であった[297]。

293) H. C. Adams, *American Railway Accounting*, 1918, p.47.

294) 1872年にNew York & Erie鉄道鉄道で公開された鉄道建設及び車輌勘定には，軌道及び設備1,075万1,184.67ドル，車輌1,119万1,472.04ドル，フェリー56万8,130.83ドルに加え，フランチャイズ8,629万6,899.72ドルが掲記されている（*The Commercial and Finance Chronicle*, No.5, 1872, p.82.）。

＜有形固定資産として一括表示した場合＞

（借）		貸借対照表			（貸）
路線及び車輌	$	200	社　　債	$	100
			資 本 金		100
		200			200

あるいは，

（借）		貸借対照表			（貸）
資　　産	$	200	負　　債	$	100
			資 本 金		100
		200			200

＜無形固定資産を表示する場合＞

（借）	貸借対照表		（貸）
有形固定資産	100	負　　債	100
無形固定資産	100	資 本 金	100
	200		200

あるいは，

（借）	貸借対照表		（貸）
路線及び車輌	100	社　　債	100
の れ ん	100	資 本 金	100
	200		200

無形資産の実体は水増資本であり，繰り延べることによって次期以降の収益に償却という形でチャージされる。やがて剰余金によって水抜きされることになる。Union Pacific 鉄道や U. S. Steel 社は，独占利潤を背景として，このような水抜きに成功している。アメリカの多くの鉄道では，建設後の独占利潤を想定して，過大資本化を容認し，機能資本である建設勘定を水増して，資産の過大表示を行った。擬制資本の過大資本化はその写像である。擬制資本を機能資本化する会計実務や，後の企業価値の測定において機能資本を擬制資本化する

会計実務は，擬制資本の計算を本旨とする現代会計の論理的支柱となった。

このような過大資本化は，アメリカ鉄道における再編成会計の論点となり，また，過大資本化を基礎とする運賃決定の問題を通じてアメリカ現代会計の基盤となり，その整序をもたらしたのである。

295）有形固定資産として表示するか無形固定資産として表示するかの会計処理には，税金との関係も考慮する必要がある。たとえば，1869年にNebraska, Union Pacific鉄道の路線と通行権に対する課税を行う歳入法が成立した。このため，州当局はUnion Pacific鉄道に対して，課税対象としての営業のための資産に対する評価を行っている。しかし，Union Pacific鉄道は，自社は郵便や軍事面での連邦政府のエージェントであるから，州税は免除されると主張した。連邦政府のエージェントであれば，通行権やフランチャイズなどの無形固定資産には課税されなかったためである。この主張は最高裁で認められ，課税対象から無形固定資産が外されている。しかし，その後1875年に課税対象となる判例が出たため，1875年以降は，それまで一般貸借対照表に掲記されていた無形固定資産は，独立して表示されなくなった（村田直樹「19世紀中期アメリカ鉄道事業の過大資本化－Union Pacific鉄道建設期の場合－」『経世論集』第6号，1980年，136-137ページ）。

296）加藤盛弘『会計学の論理』森山書店，1973年，127ページ。

297）F. A. Delano, "Rates are Based on Capitalization", *Journal of Accountancy,* Vol.4, No.5, 1907, pp.347-349.

第7章　のれんの会計史

I　のれんの会計処理

2001年に公表されたアメリカの基準書第141号「企業結合」は，持分プーリング法を廃止し，すべての企業結合に対してパーチェス法を適用することを要求している。さらに，基準書第142号「のれんおよびその他の無形資産」において，計上されたのれんを償却せずに，年1回の減損テストを実施することとしている。国際会計基準審議会も，2004年に国際財務報告基準第3号「企業結合」において，持分プーリング法の廃止とのれんの減損処理を規定した。これに対して日本の「企業結合会計基準」では，パーチェス法と持分プーリング法の併用を容認し，のれんの20年以内の規則的償却を要求している。このような差異を解消するため，会計基準委員会は，2007年末に「企業結合会計の見直しに関する論点の整理」を公表して，持分プーリング法の取扱，負ののれんの会計処理などに関する問題点を論議している。

のれんに関する議論はこれにとどまらず，償却・非償却，のれんの資産性，自己創設のれんに関する問題など，会計のフレームワークが大きく転換しようとしている時期に，会計理論および実務に大きく影響を与えるものが含まれている。しかし，これらの問題は，必ずしも現代の固有の問題ではなく，15世紀イギリスでのれんが生成・認識され，顕在化した時点からずっと議論されてきた問題である[298]。特に，のれんの本質については，諸説が存在し，現在最も一般的な定義は，T. B. Veblen や J. K. Galbrath の制度的フレームワークと

298) H. P. Hughs, *Goodwill in Accounting: A History of the Issues and Problems*, College of Business Administration Georgia State University Research Monograph No. 80, 1982. p.7.

概念に依拠したもの[299]であるが，米国会計基準は，のれんを特定されない残余の資産と定義し，のれんそれ自体の定義を避けているという状況にある。

国際財務報告基準第3号「企業結合」にしたがえば，①取得の対価の公正価値，②非支配株主持分，③段階取得の場合には，すでに取得している株式の取得日現在の公正価値の①から③の合計額が，識別可能純資産の公正価値を超過した額として測定される。また，非支配株主持分の測定には，全部のれん方式と購入のれん方式があり，非支配株主持分を公正価値で測定する全部のれん方式では，親会社株主持分と非支配株主持分に対応するのれんの両方が認識される。これに対して，識別可能純資産の額に非支配株主持分の比率を乗じて計算する購入のれん方式では，親会社株主持分に対応するのれんのみが認識されることになる[300]。日本では購入のれん方式のみが認められている。さらに，のれんを資産計上した後の会計処理については，日本の会計基準では，20年以内でその効果が及ぶ期間に合理的な方法で償却するとされているが，国際会計基準では，償却はなされず，少なくとも毎年1回の減損テストを受ける必要があるとされている。しかし，後述するように償却や減損の会計処理の基盤がのれんの資産性を問うものではなく，むしろ償却や減損を行うことによって，のれんを資産として偽装するものとなっていることに意味があるように思われる。日本経済団体連合会が2017年に行ったのれんの会計処理に関するアンケートでは，のれんの会計処理として償却や減損を支持する企業の支持理由が，「のれんの償却により，M&A後の適切な業績把握を可能にする」，「のれんの償却により，企業経営を安定させ，企業経営の適切な規律付けを行うことができる」，「のれんの償却により，のれんの経年での減価を財務諸表に適切に反映させることができ，自己創設のれんの計上を回避できる」，「のれんの償却により，より適切なタイミング（投資の失敗時点）で減損を認識することができ投資の正否

299) J. Cooper, "Debating Accounting Principle and Policies: the Case of Goodwill, 1880-1921", *Accounting, Business and Financial History*, Vol.17, No.2, 2007, p.242.
300) 田中建二「東芝事例にみるのれんの減損をめぐる課題」『企業会計』第69巻第7号，2017年，14-15ページ。

の判断にも有効」というものであった[301)]。これらの回答は，無形資産に計上されるのれんのポテンシャルについて，一定の課題があることを示唆するものである。

本章では，無形資産としてののれんの会計的本質を究明するために，のれん会計が果たしてきた歴史的機能を明らかにして，擬制資本の計算を本旨とする財務会計との関係を分析することとする。

Ⅱ　のれんの定義

初期（17世紀～19世紀）ののれんの定義は「顧客の当該企業に対する特別の愛顧もしくは営業上の優位，評判」といったものであった。H. R. Hatfieldものれんを「営業上の関係の価値，つまり競争相手の誘引にもかかわらず，現在の顧客が購買を続けるであろう蓋然性の価値」[302)]と定義している。J. K. Courtisは1882年から1981年までの，のれんの定義を列挙し，その変遷を概観している[303)]。そこから明らかなことは，19世紀末から20世紀の初頭にかけての時期に，のれんの定義が顧客の愛顧，営業上の優位から超過収益力もしくは超過収益力期待へとシフトすることである。19世紀末から20世紀初頭のアメリカは第1次合併運動（1890-1904）の時期で，多数の大規模株式会社が成立する時期である。つまり，企業結合によるのれんの発生が顕著となる時期であり，それ以前のものとは異質なのれんが登場する。

H. R. Hatfieldは，巨大産業トラスト形成期を念頭に置き，のれんの本質はトラストが生み出す超過収益の資本化であるとして，資産の水増し評価の実在

301）金融・資本市場委員会　企業会計部会『のれんの会計処理に関するアンケート結果の整理』日本経済団体連合会，2017年2月14日，3ページ。

302）H. R. Hatfield, *Modern Accounting: Its Principles and Some of Its Problems,* 1910, pp.107-108.

303）J. K. Courtis, "Business Goodwill: Conceptual Clarification via Accounting, Legal and Etymological Perspectives", *The Accounting Historians Journal,* Vol.10, No.2, 1983, pp.1-21.

を指摘した上で，企業結合によるのれんの原価性を認め，それを収益にチャージすることによって，擬制資本の機能資本への転化を論理化している[304]。また，中村萬次教授はこの時期の創業者利得とのれんの関係について，のれんは吸収合併された株式会社の純資産の簿価と，買入価格との差額の貸借対照表への表示である。つまり，原価と簿価との差額であり，その所有権化が普通株・優先株等の証券となって反映する。のれんの本質は独占形成を前提とした超過利潤の資本化であり，その擬制証券化を通じて創業者利得を資本に付与するものである[305]と指摘する。

さらに第1次合併運動期は合併企業の過大資本化による架空資産（のれん）の計上が一般化する時期でもある。この企業結合によるのれんと過大資本化によるのれんとは，擬制資本とのれんの関係からほぼ同義に捉える議論も散見されるが，過大資本化は1860年代のアメリカ鉄道業にもみられるもので，必ずしも同一の基盤に立つものではない。

のれんの本質や資産性あるいは償却・非償却などの，のれん会計を巡る諸問題を論議する場合，上述したような異質ののれんを包括的に取り扱ってきたことが，のれんに対する議論の混乱を招いた一つの原因である。また，現在の通説となっている超過収益力期待説に対しても，実験経済学の成果から，被取得会社の取得原価が取得した資産および引き受けた負債に配分された純額を超過する額，すなわちのれんが超過収益力そのものではなく，かなりの部分が基礎のないバブルであるという指摘[306]や，マルクス経済学の立場から，のれんの定義である超過利潤とは総利潤の中の利子（あるいは配当）を超える部分であり，必ずしも超過利潤である必要はなく，利子や配当の支払を超える通常の利潤で

304）H. R. Hatfield, *Modern Accounting*, pp.167-168.

305）中村萬次『会計政策論』ミネルヴァ書房，1977年，19ページ。

306）実験経済学の成果については，C. B. Cadsby and E. Maynes, "Laboratory Experiments in Corporate and Investment Finance: A Survey," *Managerial and Decision Economics*, No.19, 1998, pp.277-298.

307）阪本雅彦「いわゆる『のれん代』からみた産業資本の産業株式資本への転化」『立命館国際研究』第18巻第3号，2006年，96-98ページ。

あれば事足りることになるという指摘[307]もある。

以上の議論を踏まえた上で，のれん会計実務およびその理論さらには制度との関係を歴史的にトレースすることで，のれん会計に関する従来の議論を整理し，のれん会計の実相に迫ることとする。

Ⅲ　のれん会計前史

のれんの歴史は古く，株式会社の成立以前からのれんの概念やのれんの価額が存在している。H. P. Hughs はイギリスにおけるギルドの加入権をその源流として捉えている[308]。その後，産業革命期にはパートナーシップにおける持分と財産の関係や商品市場の発達などを背景にのれんの重要性が増し，のれんを巡る問題が顕在化することになる。たとえば，18 世紀のイギリスの製鉄会社において，パートナーの交代にともなう資産評価に関連して，のれんが財産目録に記載された例や，同社が勅許会社に組織変更する際にのれんの評価が行われた例がある[309]。また，18 世紀末の Boulton & Watt 社では，蒸気機関の特許権の期限切れにともない，蒸気機関の価格を維持するため，プレミアムという無形資産を計上し，価格の構成要素とした[310]。

この時期の裁判記録からも，のれんに対する当時の考え方が明らかとなる。1859 年の Churton 対 Douglas 事件は，脱退したパートナーが 18 ヶ月後に当該企業と同業の会社を設立したことに対する訴訟であるが，この裁判の中で，Vice-Chanceller である Wood がのれんは営業の場所，名称，その他のすべての営業にとって利益となる過去の経営の歴史によって獲得したすべての利点で，のれんの本質は得意先の営業上の好意であると述べている。当時の裁判所はのれんを財産目録に記載することを求めており，資産としての価値を認めて

308）H. P. Hughs, *Good will in Accounting*, pp.9-17.

309）*The Cadell Papers,* ACC5381, Box28.

310）相川奈美「Boulton & Watt Company の特許権」『会計史学会年報』第 25 巻，2007 年，36-62 ページ。Boulton and Watt Collection, Birmingham Central Library7/ Ⅳ /14.

311）H. P. Hughs, *Good will in Accounting*, pp.17-19.

いる[311]。

19世紀までののれんは，その後商標権などのように権利として確定することになるものを含むもので，市場開拓や発明など，企業の経営努力と人的資源から生み出される成果としてのれんの価値をみているのである。

19世紀までのイギリスののれんに関する論議及び実務を概観すると，パートナーシップを主体とするイギリスの企業においては，のれんの定義に関して，地理的条件，人的条件，商業的条件から生じる優位性を基盤としたものであった。したがって，いわゆる自己創設のれんに関しても寛容で，その評価についても種々の方法が見受けられる。ところが，資産の定義として，測定可能性が問題となると，測定可能な買入のれんのみが資産計上が可能であるという議論がなされるようになっていった[312]。

一方，アメリカでは，このようなのれんとは経済的基盤を異にするのれんが登場する。それは，19世紀末の過大資本化を巡る会計問題である。その端的な例は，アメリカの鉄道会社にみることができる。

Ⅳ 過大資本化とのれん

アメリカの鉄道会社はその当初から株式会社制度を採用し，証券市場の中心的な存在であったため，証券の擬制資本としての運動を前提とした種々の財務政策が展開された。過大資本化や株式の水増しなどである。過大資本化は株式の水増しと同義語ではなく，異なる概念である。過大資本化は，名目的な擬制資本が機能資本の価値を上回る関係をいい，株式の水増しは，新株の割引発行のように受け入れた対価が，実体資本よりも少ない場合に生じるものである。

アメリカの鉄道建設は社債による建設資金調達を中心に行われ，特に南北戦争以降の大鉄道では，社債の販売に対して，ボーナス株を付与するという財務

312) J. K. Coutis, "Business Goodwill: Conceptual Clarification via Accounting, Legal and Etymological Perspectives," *The Accounting Historians Journal,* Vol.10, No.2, 1983, pp.1-38.

政策が常態化していた。このような財務政策によってもたらされる過大資本化は，公表会計上は資産の過大評価となって現れる。H. R. Hatfield は，株式の水増しを株式の過剰発行と，それにともなう公表会計上の資産過大表示とに分け，前者は極小の罪（merest peccadillo）であるとして，過大資本化を容認し，問題は資産の過大表示にあるとした上で，資本金の対照勘定である株式割引額の表示例を挙げている[313)]。

しかし，H. C. Adams によれば，当時の鉄道会計実務では，鉄道有形資産の簿価は，実際の投資額を表すとは限らず，その建設に必要な資金を調達するために発行された諸証券の現在額を計上したと指摘している[314)]。つまり過大資本化によって過大に評価された資産の表示は，有形固定資産を水増しする方法がとられたということである。水増資本を有形固定資産に混入させる方法は，株式割引額を明瞭に表示しないため，取引の実体を明示せず，多くの非難が寄せられたため，これを回避する方法として，株式割引額に代えて，のれん勘定やフランチャイズ勘定で処理する方法がとられた。

この方法は，資本の水増額を無形資産に仮装するだけのもので，のれんあるいはフランチャイズといった名称が付けられているが，その実体は架空の勘定である。このような実務は，1860 年代の Union Pacific 鉄道[315)] や 1870 年代の New York & Erie 鉄道[316)] の建設期など多くのアメリカ鉄道会社にみられるものである。

資本の水増額を有形固定資産に混入させるか，のれんなどの無形固定資産として表示するかは，税法の問題が大きく作用したようである。たとえば，Union Pacific 鉄道では，のれんなどの無形固定資産が課税対象から外されていた 1860 年代から 1875 年までは，フランチャイズが計上されているが，課税対象となった 1875 年以降は，一般貸借対照表に掲記されなくなっている。

313）H. R. Hatfiled, *Modern Accounting,* 1909, pp.167-168.
314）H. C. Adams, *American Railway Accounting,* 1918, p.47.
315）N. Trottman, *History of Union Pacific,* 1923, p.54.
316）*The Commercial and Financial Chronicle,* No.5, 1872, p.82.

過大資本化は，会計上は機能資本を構成する資産の過大表示として発現する。アメリカ鉄道会社の銀行資本を中心とする再編成過程で批判の対象となったのは，この資産の過大表示である。1893 年の恐慌によって拡張を続けていた鉄道会社が債務不履行等で数多く倒産し，その後，財務的再編と合同による独占の形成期に，*Accountant* 誌などでのれんに関する論議が活発に行われている。特徴的なことは，多くの論者がのれんやフランチャイズなどの無形固定資産計上を是認し，その本質を T. B. Veblen や J. R. Commons などの制度派経済学者の無形資産に対するフレームワークを基礎とした，のれんに対する定義を主張している点である。すなわち，のれんの本質を超過収益力とするものである。

過大資本化という現象は再編成会計や企業合同の時期にも引き継がれている。たとえば，株価が 50 ドルである株式を持つ弱小企業が株価 150 ドルの会社に買収される場合，買収企業は，被買収企業の 50 ドルの株式と自社の発行する新株を 1 対 1 で交換した。このような実務は 20 世紀初頭の企業合同によって，巨大株式会社が形成された時期には，広く用いられた方法である。この証券の交換によって行われる企業合同では，合同企業の資本家総額をはるかに上回る会社証券が合同によって設立される新企業によって発行されたのである。この際に，株式等の追加発行を正当化する根拠として，のれんを介した超過収益力の資本化という論理が用いられたのである。

収益力の資本還元額を過大資本化の基準として，その収益力の過大評価が行われ，過大な資本が設定されることによって，これによる利点，たとえば強力な独占力を持っているという印象を与え，証券の販売を容易にし，大量のボーナス株を発行できると考えられた[317)]。そのためにも，超過収益力として認識されるのれんの勘定は重要な意味を持っていたといえる。

317）佐合紘一「エクイティファイナンスと過大資本化－過大資本の歴史と現代－」『大阪市立大学証券研究年報』第 5 号，1990 年，6 ページ。

V　企業結合とのれん

アメリカにおける19世紀末から20世紀初頭の第1次合併運動，1920年代の合併運動において，のれんに関する会計問題が惹起する[318]。企業を買収する際に，その買収価額が被買収企業の純資産価額を超える場合に発生する差額を，のれんとして計上するという実務が一般化していくことになる。この時ののれんの資産計上の論理として，過大資本化によるのれんの論理，すなわちその本質を超過収益力あるいは，超過収益力の資本化価値を意味するという考え方が用いられる。

過大資本化によるのれんと企業結合によるのれんは，経済的な基盤を異にする事象から発生するものである。しかし，両者に共通するのは，擬制資本を介してのれんが発生することである。もちろん現金による企業買収によってものれんは発生することがあるが，その中心は証券による買収である。貸借対照表の貸方にある擬制資本の価値を担保するのは，基本的には，貸借対照表の借方にある実体資本である資産である。したがってのれんが超過収益力だと仮定すると当該企業の超過収益力の測定額と，純資産額と支払額の差額が一致しなければならない。しかし，現実にはその保証はなく，超過収益力だけでのれんを説明するのは困難である。

企業結合の範囲も規模も拡大した現代では，のれんは，被取得企業または取得した事業の取得原価が，取得した資産及び負債に配分された純額を超過する額と説明される。この説明は，のれんを定義しているわけではなく，のれんの本質を明らかにするものでもない。I. Griffithsは，のれんの本質は複式簿記の原則である貸借一致のために工夫された，人工的なディバイスであると述べている[319]。しかし，貸方と借方を一致させるために現実が影響を受けることはなく，この定義は，のれん勘定の会計的意義やのれんの社会経済的機能を無視

318）清水泰洋『アメリカの暖簾会計』中央経済社，2003年，49-50ページ。
319）I. Griffiths, *New Creative Accounting*, 1995, pp.161-162.

している。たとえのれんが簿記上の人工的なディバイスだとしても，のれんが企業の中でどのような機能を担っているのか，さらに企業がのれんの経済的実在性を常に追い求めてきたのは何故かという問題が重要である。

Ⅵ ブランドとのれん

ブランドはのれんと同様に無形資産として認識されている。一般に，ブランドとのれんの関係は，のれんのうち識別可能なものをブランドとすると解されている。したがってブランドは，のれん同様，買入ブランドと自己創設ブランドがあると考えられている。ブランドを無形固定資産に計上する実務は，1980年代のイギリスにおいて，活発化したとされている。その背景には，企業買収における対価としての証券と被買収会社の資産価値の問題がある。

よく知られた例では，1988年のGoodman Fielder Wattie社が仕掛けた，食品メーカーのRank Hovis McDougall社への買収がある。この買収は，イギリスの独占・合併委員会の介入によって成立しなかったが，Rank Hovis McDougall社は買収に対する防衛のために1988年の財務諸表から，買入ブランドと自己創設ブランドのすべて6億7,800万ポンドを資産計上している[320]。つまり，被買収会社にとっては，自社のブランドを資産計上することで，貸借対照表を強化し，買収に対する防衛を意図したのである。また，別の側面からブランドを資産計上した例として，Cadbury Schwepper社のブランド会計がある。食品メーカーである同社は，数多くの有名な製品ブランドを保有していたが，これらを資産として計上していなかった。そこで，このブランドを目的とした企業買収を受けることを懸念した同社は，1985年に取得したブランド約3億ポンドを原価で資産計上した[321]。

また，イギリスのブランド会計を考える場合のれんの償却との関係を無視

---

320) Report & Account, "The Basis of Brand Valuation (Rank Hovis McDougall)," *Accountancy, March*, 1989, p.32.

321) T. Smith, *Accounting for Grouth*, 2nd ed., 1998, p.92.

することはできない。1984年のSSAP22号では，買入のれんは，積立金と相殺して，即時に償却することを原則とし，それ以外に一定の有効耐用年数にしたがって償却し，その償却費を将来の利益にチャージすることも認めていた。しかし，当時のイギリスでは，企業買収の対価に示すのれんの割合が高く，SSAP22号の原則を適用すると，積立金では相殺しきれず，資本の部がマイナスとなる場合も出てくることになる。そこで，企業は，のれんの大部分をブランドという名称に変更して，のれんの会計基準の適用をまぬがれ，償却が不要であるという主張をした。たとえば，Johnnie WalkerやSminoffなどのブランドを持つ酒造メーカーであるDiago社は，2002年の中間決算で，無形資産54億6,400万ポンドをブランド53億700万ポンド，のれん1億700万ポンド，その他の無形固定資産5,000万ポンドに分けて表示し，ブランドは償却せず，のれんについては1,800万ポンドの償却を行っている[322)]。

Ⅶ　会計史とのれん

のれんに関する会計の歴史を概観すると，いくつかの重要な視点が明らかとなる。

第一に，のれんには，明らかに二種類あり，地理的条件，人的条件，商業的条件から生じる優位性を基盤としたのれんと，過大資本化や企業買収を前提とした擬制資本との関係から発生するのれんである。両者は超過収益力を意味するものとして認識されることになるが，現在でも，自己創設のれんと買入のれんの問題のなかに反映されている。また，組織再編におけるのれんの定義は，顧客のロイヤリティーを基礎とするのれんとは，全く別のものという理解がなされていることを意味している。

第二に，のれんは，その範疇の中から，最初に法律上の権利として，特許権や商標権などを分離し，さらに経済的な優位性を基盤とするブランドなどを分

322) Diago plc., *Annual Report,* 2003, p.95

離していった。これは，企業がのれんは実体を有するものであるという論理的前提を必ずしも受け入れているわけではないことを意味している。

第三に，のれんに関する会計史を概観すると，企業は，のれんの価値測定に対して，ほとんど興味を示してこなかったことが分かる。企業にとっては，資産計上が可能となるのれん勘定そのものが重要で，そこからもたらされる機能を意識してきたといえる。市場と企業経営がダイレクトに結ばれていた時代ののれんと，資本市場と企業経営の間を結ぶものとして企業価値という概念が存在し，その重要な要素としてののれんとでは，明らかにその機能を異にする。

第四に，会計上，最も重要なことであるが，擬制資本に関連して発生するのれんは，全く実体が無く擬制資本を機能資本に偽装しているだけである。擬制資本の計算を本旨とする現代会計においては，持分との関連において時価の導入や擬制資本の機能資本化が課題となる。

第8章　イギリス運河の会計史

I　運河建設と運河会社組織

イギリス産業革命期の物流を支えたものは，イギリスの内陸運河であった。運河輸送以前の内陸道路輸送を質的にも量的にも凌駕する運河は，イギリス産業革命期の物流を一変した。産業革命期は，資本主義的に経営されるすべての生産部門を包括する資本としての産業資本が，生成し発展する時期である。資本の循環運動を自己認識しようとする会計にとっても，道標となる時期である。産業革命期の一般製造業は，それ以前の家内制手工業や小企業形態に比べると機械や設備などの固定資産を必要とした。しかし，資本調達の主要目的が流動資本の調達にあり，運河会社とは固定資産の会計処理や財務諸表の構成において，その基本的な性格が異なるものであった。運河会社はその建設に莫大な資金が必要であり，投下された資金のほとんどが固定資本に吸収されてしまうため，その管理にともなう会計的な処理や政策が，近代会計理論の精緻化を促進したのである。

イギリスで最初に商業的成功を収めた運河はBridgewater 運河である。それ以前にも軍事目的で政府によって建設された運河や河川経営の補助としての運河は存在する。しかし一定の水準に達した最初の運河はこのBridgewater 運河（1759 年着工，1771 年完成）である。Bridgewater 運河は，Bridgewater 公（Duke of Bridgewater）が土木技師のJ. Brindley の協力を得て建設した運河である。Bridgewater 運河は，個人によって建設された運河で，建設資金及び運河維持費の 90% をBridgewater 公が負担した。したがって，Bridgewater 運河の収支に関する記録は残されているが，貸借対照表や損益計算書は作成されなかった[323]。

323）小松芳喬「十八世紀におけるブリッジウォーター運河の収支」『早稲田大学政治経済学雑誌』第 226・227 合併号，45 ページ。

Bridgewater 運河はイギリスの炭鉱地域と Manchester を結ぶため，石炭輸送費の削減と石炭の大量輸送が可能となり，商業的な成功を収めることとなった。

この成功に触発され，その後数多くの運河が株式会社組織で建設されることになった。P. M. Deane は，18 世紀におけるイギリス運河建設の特徴として，第 1 に，個々の企業家では普通の場合，手に負えそうもないかなりの額の資本支出を必要とすること。第 2 に，建設に長期間を要し，実質的な利潤を生み出すには，さらに一層の長期間が必要であること。第 3 に，この投資に基づく総収益は最初に直接的に着手した投資家のものとなるよりも，むしろ間接的に社会のものとなる，といった 3 点を挙げている[324)]。P. M. Deane の指摘からも明らかなように，大半の運河は株式会社組織によるものであった。

当時は，株式会社の重役は他人の貨幣の管理者であるから，適切な経営管理は望めないとする，A. Smith に代表される株式会社に対して懐疑的な意見が主流であったが，その A. Smith でさえ，事業そのものが普通の商工業に比べてより大きな有用性をもつことが証明され，個人では容易に集められないほどの巨額な資本を必要とする，といった条件が充たされれば，株式会社も可能であるとして，具体的な業種として，銀行，保険，水道，運河の 4 業種を挙げている[325)]。新井政治教授も，Joint-Stock-Company に対する不信の念は根強く残っていたとはいえ大部分の運河会社は株式会社形態を取り，これによって上・中流層の貯蓄を引き出すことに成功したと述べている[326)]。

また，P. M. Deane の指摘する第 2，第 3 の点は，当初の運河投資は，運河からの経済的便益を得られる地域で地方的に資本が調達された[327)] ことを示しているが，運河が開通することによって，陸上輸送では限界のあった穀物や石炭などの物資の大量輸送が可能となり，輸送コストの低減も図られた。この輸送コストの低減は，市場の拡大をもたらすとともに，新たな市場を創設する原因ともなった。また，運河建設における築堤や橋梁，艀，トンネルなどの土木

---

324) P. M. Deane, *The First Industrial Revolution*, 1965, p.69.
325) A. Smith, *The Wealth of Nation*, Cannan's ed. Vol2, 1961, pp.233-247.
326) 新井政治『イギリス近代企業成立史』1963 年，70 ページ。
327) P. M. Deane, *The First Industrial Revolution*, 1965, p.77.

技術が進展し，輸送業者などの雇用を創設した。これらは，産業革命のインフラ整備に繋がり，さらなる運河建設を推進する要因となった。

1790年代の「運河マニア」期に入ると，運河会社のために調達される資本の地域的基盤は，地方的な水準を超えて拡大し，運河輸送に関係のない人びとや少額の資本しかもたない個人が運河株に投資するようになり，「運河マニア」では，小農民や日雇いの人びとさえ運河投資に奔走した[328)]。

このような運河に対する過剰な投資を防ぐために，運河会社の設立には，議会による個別法で認められた株式会社形態を取ることが義務づけられた。この制度は，のちの鉄道会社の設立・運営に継承されていった。個別法には，決定させた運河のルート，建設原価を基にした授権資本額が明記され，適正な会計記録も要求された[329)]。

株式会社形態を採用した運河会社の一般的な組織では，まず，運河会社の管理・運営の執行責任者である取締役会長（chairman of the management）が選任された。この会長はたいていの場合，無給で非常勤であった。取締役会の下には，経営者委員会（committee of management）と特別委員会（special committee）が設けられた。さらに運河会社の日常業務を行う従業員が雇用されていた。まず運河会社の営業活動を総括するエージェント（agent）がおり，この下には通行料徴収人（toll-collector），水門管理人（lock keeper），鍛冶屋（black smith），大工（carpenter），掘削工（gouger），波止場管理人（wharfinger），簿記方（book keeper）などが雇用されており，運河の維持・管理や手形の決済，通行料徴収や帳簿記入などを行っていた。

トレジャラー（treasurer）は財務担当の重役で，運河会社の金融的業務を担当するとともに，会社全体の現金収支に責任を持ち，財務諸表の作成を行った。このトレジャラーは，地方銀行の出身者が多く，簿記の基本的な技法が運河会社に持ち込まれた。また，会社によってはパートタイムの事務弁護士を書記官（clerk）として置くところもあり，会社の法律上の業務を行った。さらに，監

328）W. T. Jackman, *The Development of Transportation in Modern England*, 1916, p.420.
329）J. R. Ward, *The Finance of Canal Building in Eighteenth-Century England*, 1974, p.28.

査人（auditor）は現金収支の監査やトレジャラーの作成した財務諸表の監査を行いこれらの諸表に署名して，経営者委員会に報告した。さらに重要な役職として主任技師（engineer）がおり，運河施設の維持・管理を行った。主任技師は，延長工事の時の責任者となり，建設原価の見積計算や施設の維持計算，さらには実際の建設に関する技術的な問題や，水の供給に関する問題などに幅広い責任を負った。このほかに主任技師は自分の弟子を地区ごとに駐在技師として配置し，施設の管理を行わせた[330]。

Ⅱ　運河会社の財務構造

イギリスにおける運河建設投資は，Bridgewater 公が Worsley 運河に着手した 1759 年からアメリカ独立戦争に関連した経済的混乱のあった 1770 年代後半までの「第 1 世代」と，1791 年から 1795 年までの「運河マニア」によって特徴付けられる 1790 年代から 1815 年までの「第 2 世代」に分けられる。

図表８－１　第１世代運河会社の株主構成　（Trent and Mersey運河[331] 1777年）

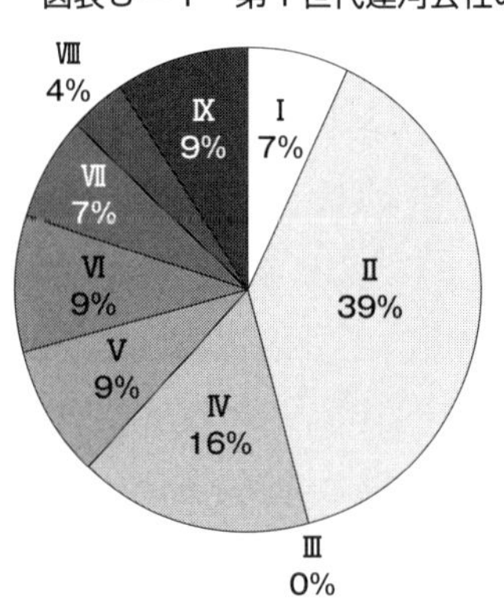

Ⅰ. 貴族 (peers), Ⅱ. 大地主（landed gentleman), Ⅲ. ヨーマン・牧畜業者・小作農（yeomen, graziers, tenant farmers), Ⅳ. 資本家 (capitalist), Ⅴ. 製造業者（manufacturers), Ⅵ. 小売業者 (tradesmen), Ⅶ. 専門職 (professional men), Ⅷ. 聖職者（clergymen), Ⅸ. 婦人（woman）[332]

(J. R. Ward, *The Finance of Canal Building in Eighteen-Century England*, 1974, p.28.)

---

330) E. A. French, *The History of The Darby Canal Company 1793-1914*, np. 1973, pp.167-168.

331) Trent and Mersey 運河は，Devent と Trent から Duke of Bridgewater 運河の Perton Brock までの 93 マイルで，1777 年に完成している。1832 年時の発行株式数は，2,600 株で，株価は 50 ポンド，1 株あたりの配当額は 32 ポンド 10 シリングであった（*Railway Magazine*, 1838, p.387.）。

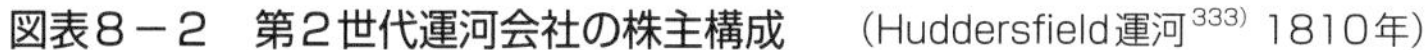

図表8－2　第2世代運河会社の株主構成　(Huddersfield運河[333) 1810年)

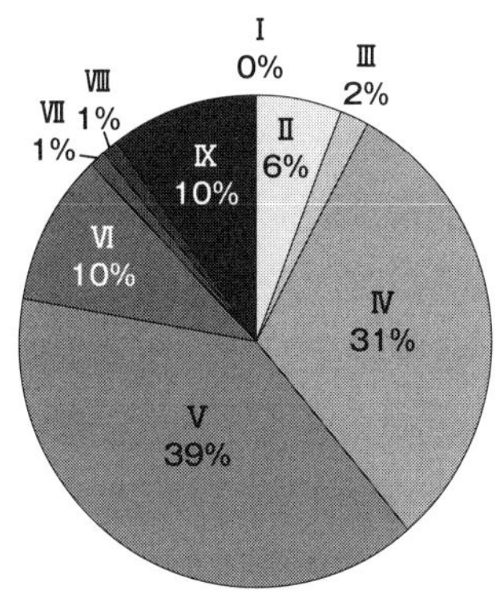

Ⅰ. 貴族 (peers), Ⅱ. 大地主 (landed gentleman), Ⅲ. ヨーマン・牧畜業者・小作農 (yeomen, graziers, tenant farmers), Ⅳ. 資本家 (capitalist), Ⅴ. 製造業者 (manufacturers), Ⅵ. 小売業者 (tradesmen), Ⅶ. 専門職 (professional men), Ⅷ. 聖職者 (clergymen), Ⅸ. 婦人 (woman)

(J. R. Ward, *The Finance of Canal Building in Eighteen-Century England*, 1974, p.28.)

運河全体を見た場合，その株主構成は，「第１世代」の中心的な株主は，製品及び商品等の輸送コストの低減を目的とする商人や製造業者と，潜在的な土地価格の上昇を希望していた地主層が多く，これらの人びとは配当よりも上述したような目的を達成したいと考えていた。したがって，地域的にも限定されることとなった。しかし，運河建設に必要な莫大な資金調達をするためには，地域，階層，職業などの株主層の拡大と分散が必要となっていった。運河マニア後の「第２世代」では，配当や利子からの所得や株価の上昇といった財務的な動機から運河投資を行う人々が増え，地域的にも株主が拡大した[334)]。「第２世代」であるHuddersfield運河の株主の地域別構成（図表８－２）をみると，資本調達が地域的な広がりを見せていることが分かる。

一般に，初期の運河会社は輸送コストの低減などの経済的動機をもつ商工業

332) この職別の分類をもう少し詳しく観察すると，Ⅱの大地主には男爵（barons），郷士（esquires），紳士（gentleman）が含まれ，Ⅰ，ⅡおよびⅢは，地主と呼ばれる階層である。Ⅳの資本家には，商人（merchants），銀行家（bankers），金利生活者（substantial renties）のことで，Ⅶの専門職には弁護士（attorneys），外科医（surgeons），薬屋（apothecaries）などが入るとされている。

333) Huddersfield と Aston and Oldham 運河を結ぶ20マイルの運河である。運河マニア期の Aston の投資家グループによって建設が推進された（C. Hadfield and G. Biddle, *The Canals of North West England*, 1970, pp.323-324.）。

334) J. R. Ward, *The Finance of Canal Building in Eighteenth-Century England,* 1974, pp.124-125.

図表8－3　Huddersfield運河の地域別株主構成

Huddersfield	250 株	18%
Yorkshire	500 株	37%
Manchester	160 株	12%
Lancashire	340 株	25%
Cheshire その他	100 株	8%

(J. R. Ward, *The Finance of Canal Building in Eighteenth-Century*, 1947, p.60.)

者や周辺の地主がプロモーターとなり，建設を推進していったが，莫大な資本を必要とする運河建設に対して，彼らの資力には限界があり，株価の上昇や高配当を目的とする財務的動機をもった投資家層を吸収していく必要が生じた。そのためには市場利子率を上回る配当率が必要となり，初期の配当は比較的高いものであった[335)]。また，運河会社は商業的な成功を収めたため，高配当政策がとられ，高配当の運河株は投機熱を煽り，株価が上昇した。たとえば，1772 年に完成した第 1 世代の運河である Staffordshire and Worcestershire 運河[336)]では，開通の 3 年後の 1775 年に 12% の配当を支払い，その 100 ポンド株は 8 年後には 400 ポンドで取引されている[337)]。このような動向は，「運河マニア」をもたらすことになるが，一方で，初期の運河会社は，Leeds and Liverpool 運河[338)]にみられるように，建設に際して，何度も資金難に陥り，建設工事が中断した運河会社も存在するが，そのような運河会社でも，建設の再開を目的とした追加投資の過程で，徐々に地域的な広がりを見せている（図表 8 － 4）。

運河会社は，その資金需要のため，ほとんどの運河会社が株式会社形態を取っ

335）J. R. Ward, *The Finance of Canal Building in Eighteenth-Century England*, 1974, p.135.

336）この運河は，Trent and Mersey 運河から Severn 川の Stourbridge までの 46.5 マイルで，発行株式数は，700 株であった（*Railway Magazine*, 1838, pp.387-388.）。

337）T. C. Barker and C. I. Savage, *An Economic History of Transport in Britain*, 1974, p.42.

図表8－4 Leeds and Liverpool運河の地域別株主構成

Yorkshire	709 株	31.7%
Lancashire	326 株	14.4%
London and Middlesex	541 株	23.9%
その他	687.5 株	30.0%

(G. H. Evans, Jr. *British Corporation Finance 1775-1850*, p.161.)

たがパートナーシップ経営の要素を色濃く残している。それは，初期の運河投資が運河会社の財産に対する持分と考えられたからである。したがって株券は発行されず出資者が株主の資格を得るためには，運河会社の株主名簿に登記する必要があった[339]。株式を譲渡する際には，当事者間で交わされた売買契約書に基づき，株主名簿に記載された株主名の書き換えが行われた。運河株がLondon 証券取引所に上場されたのは，1811 年のことである[340]。しかし，運河株の上場によってLondon 証券取引所の主要株式として資金が集中し，1824年には上場会社 156 社の内訳は，運河会社は 63 社，ガス会社 27 社，保険会社26 社，水道会社 16 社，ドック会社 7 社，道路会社 7 社，橋梁会社 4 社，その他 7 社となっている[341]。

「運河マニア」以前に建設された「第 1 世代」の運河会社は，一般にその独占的地位を反映して，割高な料金によって高利潤を獲得していた。その結果，高配当政策によって，運河株は高騰し，多額のキャピタルゲインを求めて運河株が投機の対象となっていった。「運河マニア」では，数多くの運河会社が議

---

338) Leeds and Liverpool 運河は，1769 年の議会法によって認可され，1816 年に完成した Leeds の Aire and Calder Navigation から Liverpool までの 127 マイルの運河である。1835 年時点での発行株式総数は，2,880 株で，株価は 100 ポンド，1 株あたりの配当は 20 ポンドであった（Railway Magazine, 1838, pp.384-388.）。

339) A. B. DuBuis, *The English Business Company after the Bubble Act 1720-1800*, 1928, pp.359-361.

340) C. Duguid, *The Story of Stock Exchange*, 1901, p.96.

341) B. C. Hunt, *The Development of the Business Corporation in England*, 1800-1867, 1969, p.48.

会の認可を得て設立されることになるが，完成に至らない運河や資金不足のために建設に着手することさえできない運河会社も出現した。

Ⅲ　運河会社の財務諸表

イギリスにおいて，18世紀末に議会の個別法の制定によって，法人格を取得した主要な事業は運河であった。建設に対して多額の資本が必要であった運河会社は，その個別法によって運河建設のための土地の強制収用権を獲得した。運河会社では財務諸表の作成にあたって，株式の発行によって得た資金を資本勘定に貸記し，運河建設費を資本勘定の借方に記入した。運河の完成にともなって資本勘定は閉鎖され，その後の収支は収益勘定に記入された。運河会社の会計報告は，後の鉄道会社で一般化する複会計制度のプロトタイプとなるものであった。

1972年に個別法を獲得した「第1世代」の運河であるLancaster運河[342)]では，設立後4年間は資本勘定の公表はなく，1795年に1794年の株主総会において数人の株主から強い要請があったとして，建設期間中に資本収支に関する要約収支計算書（Abstract of Receipts and Expenditures）を公表している[343)]（図表8－5）。

株主の要請によって公表された1795年の要約収支計算書は，株主の出資額が，適正に運河建設に投下されていることを表明するためのものであった。まず，収入については，現時点までのコールに対する払込金額が1株あたり37ポンドで合計15万3,217ポンドであることが明示され，次に，トレジャラーからの受取利息と蒸気エンジン1機，木材，その他の資材販売，地代収入等2,307ポンド1ペンスが加算され，収入合計15万5,524ポンド1ペンスが掲記

342) Lancaster運河は，1972年に個別法を獲得している。個別法では，認可資本41万4,000ポンドで，借入あるいは新株発行により，20万ポンドの追加投資が可能とされた。第1回の株主総会は，1793年にLancasterで開催され，1804年に完成している。この運河は，Kirby KendelからLancasterを通り，Leeds and Liverpool運河に接続する76マイルの運河である（C. Hadfield and G. Biddle, *The Canals of North West England,* 1970, p.182.）

343) Lancaster Canal *To the Proprietors, and Report of the Committee,* June 30 1795, p.1.

図表8－5　Lancaster運河要約収支計算書1795年

ABSTRACT OF RECEIPTS AND EXPENDITURES,

JUNE 30, 1795

	£	s.	d.	
The Calls at this time amount to 37*l.* per Share on 4141 shares				£.153217 0 0
Received for Interest from the Treasurer, one Steam Engine, Timber, and other materials sold, Rent of Lands, *&c. &c.*				2307 0 1
Expended in applications to Parliament	6301	19	7	£.155524 0 1
Purchase of Lands, Mills and Houses	24876	16	0	
Interest allowed to the Proprietors	5302	9	6	
Pozzolana Earth from Italy to be repaid by Contractors	653	16	9	
Steam Engine and Mortar Mill	1859	15	6	
Excavating and founding the Lune Aqueduct, coals for the Engines, *&c.*	13332	17	6	
Paid for Timber, masonry not in contract, temporary bridges, roads and damages, valved trunks, gates, railings and other carpentry; Surveyors and laborers in setting out the line; rent of lands, salaries, stationary, and all other expenses to this time	13846	8	9	
Paid the following Contractors, viz.				
PINKERTON and MURRAY	45132	16	2½	
ALEXANDER STEVENS	11826	5	1¼	
VICKERS and LEWIS	14317	10	0	
PETER GRANT	4463	11	8	
ROBERT HAULBROOK	1000	0	0	
WILLIAM ROSS	2394	2	8	
JOHN WITHNEL - - - - - - - - - -	460	0	0	
JAMES PORTEOUS and Co. - - - - - - - - - -	940	0	0	
JOHN PINKERTON, Masonry - - - - - - - - - -	1001	12	0	
EDMUND RIGBY - - - - - - - - - -	285	0	0	
LAWRENCE FELTON - - - - - - - - - -	180	0	0	
JEFFREY LANGSHAW - - - - - - - - - -	270	0	0	
BENNISON and ROBINSON - - - - - - - - - -	120	0	0	
ROBERT DICKINSON and Son - - - - - - - - - -	300	0	0	
Other small Contractors - - - - - - - - - -	297	16	1	
On account of building trading boats, four being launched and three others on the stocks - - - -	758	0	7½	
	149920	17	11½	
Calls remaining unpaid - - - - - - - - - -	2367	11	0	
Balance in the Treasurer's hands 2633 11 8 Balance in the Agents' hands 601 19 5½	3235	11	1¼	£.155524 0 1

(*At a General Meeting of the Company of the proprietors of Lancaster Canal Navigation*, 7th July 1975, p.1.)

されている。これに対する支出については，議会費[344] 6,301ポンド19シリング7ペンス，土地，機械，家屋の購入2万4,876ポンド16シリング，建設利息5,302ポンド9シリング6ペンス，開削，基礎工事，さらに水門工事，給料などが表記され，その下には請負業者別の支払額が示され，支出合計14万9,926ポンド17シリング11 1/2ペンスが計算されている。収入との差額は，未払のコール2,367ポンド11シリング，トレジャラー及びエージェントの手許現金有高3,235ポンド11シリング1 1/2 ペンスとなることが示されている。この要約収支計算書は，建設期間中の資本的収支を明示するもので，実質的には資本勘定である。資本勘定は毎期公表されることはなく，次に公表されるのは，Lancaster運河の主要部分が完成した1798年のことである（図表8 − 6）。

この収支計算書は，建設を開始した1791年から1798年までの資本的収支に関する金額が総括され，主要部分の完成にしたがって，いったん締め切られている。この収支計算書は，勘定式で，貸方には，株式の払込金，地代収入及び資材の売却収入，土地の売却収入さらに株主からの借入金などの資本的収入が記載されている。借方には資本的支出が3つのグループに分けて開示されている。上段はTewi FieldからPrestonまでの区間（42マイル）に関する資本的支出で，土地や工場，建物の購入，回転橋や水門などの構築物，土地に関する工事，工事期間中の補修作業，税金などが掲記されている。中段では，Bark HillからClayton Greenまでの15マイルの建設に関する支出である6万1,176ポンド17シリング9 1/2ペンスが計上されている。下段は一般費のグループで，議会費，技師及び測量士の給料，建設利息などが掲記され，すべてが合計され38万2,565ポンド10シリングが計算されている。借方と貸方の差額7,525ポンド12シリング7ペンスは，未払のコール，トレジャラー及びエージェントの手許現金有高として借方に掲記されている。

同様に，運河マニア前に認可されたLeeds and Liverpool運河でも，不定期であるが1784年に資本収支計算書が公表されている。この資本収支計算

344）議会費は，鉄道会社にもみられる資本的支出で，個別法取得のための費用であるが，その大半は議員の買収費である。

図表8－6　Lancaster運河一般要約収支計算書1791－1798

GENERAL ABSTRACT of the Receipts and Expenditures of the LANCASTER CANAL, from the commencement of the Surveys in the Year 1791, to the 1st. December 1798.

	£	s.	d.	£	s.	d.
ON *the Lancaster Level extending from Tewit Field in the Parish of Warton to Preston, in length 42 Miles—the whole of which is Navigable.*						
Purchase of Lands, Mills and Houses	42604	17	1¼			
Earth Works, including Stop Gates, Trunks, Swivel Bridges and Fencing	118176	4	1			
Masonry and Walling, including all the Aqueducts, Culverts and Bridges, except Lune Aqueduct	53827	8	6¼			
Lune Aqueduct Foundations including Steam Engines, Morter Mill, &c. and deducting Engine and Timber sold	13820	8	3			
Lune Aqueduct Masonry	34500	10	7			
Pozzolano Earth from Italy, deducting what has been sold	321	8	9			
Quarries and Roads on various parts of the Line	909	10	5			
Damages, Rents, Taxes. &c.	5245	8	1½	269405	15	10½
On the South End extending from Bark Hill near Wigan to Clayton Green, in length 15 Miles, 12 of which are Navigable.						
Land	5760	1	6			
Earth Works including Stop Gates, Swivel Bridges, Trunks and Fencing	32694	9	2			
Masonry including all the Aqueducts, Bridges and Culverts	20726	6	11			
Agents residing on that part	502	19	6			
Temporary Damages, Rents and Taxes	1493	0	8½	61176	17	9½
Expences on the general Account not particularly applicable to either part.						
Application to Parliament				6327	1	2
Engineers and Surveyors leveling and setting out the Line, making Field Plans and Sections, Land-valuers, and Expences attending the purchase of Lands, Salaries and other Agencies				16341	11	9
Boat-building Account after deducting Freight received, and Boats sold				1739	3	3
Quarrying Limestone				64	7	5
Interest allowed to the Proprietors after deducting the Interest received from the Treasurer				27510	12	9
				382565	10	0
Outstanding Calls	6485	12	6			
Balance in the Treasurer's Hands	653	1	8			
Do. in the Hands of Agents	386	8	5	7525	2	7
				£ 390090	12	7

	£	s.	d.
BY Calls at various times to the amount of 85*l.* per Share on 4141 Shares	351985	0	0
——Rents and Sundries sold	355	14	0
——Land sold	425	16	6
——*Tonnage Duty received prior to 1st. December 1797	346	10	6
——Loan from sundry of the Proprietors	33653	0	0
——Balances due to several of the Contractors	3324	11	7
	£ 390090	12	7

* The Tonnage Duty received from the 1st. December 1797, to the 1st. December 1798, is kept in a separate Account with the Treasurer, and is reserved for the payment of Interest, &c.

(*At the general Meeting of the Company of Proprietors of the Lancaster Canal Navigation held at the Canal Office in Lancaster*, on Tuesday the first Day of January, p.2.)

図表8－7　Leeds and Liverpool運河一般資本収支計算書1784年

An ABSTRACT of

The GENERAL STATE of the ACCOUNTS of the Company of Proprietors of the *CANAL NAVIGATION* from *LEEDS* to *LIVERPOOL*, taken 1st. January 1784.

Capital Stock.

2059 original Shares, including the Douglas Calls and Interest, to 1st. January 1779 - - - - - at l. 139 8 9 per Share	287,101	16	3			
l. 19,840 new Subscription, with Interest to the same Time, at l. 111.19.3 per l 100, - - - - - - - -	22,212	10	8			
l. 3,075 new Subscription of Proprietors at Liverpool, with Interest as above - - - - at l. 105.19 4 per l. 100,	3,258	9	6			
l. 200 Land made Stock by Lord Irwin, with Interest to ditto	229	3	4			
				312,801	19	9

N. B. Interest at l. 5 per Cent. per Ann. was paid to the Proprietors (by an Allowance in the Calls) to the 29th. Oct. 1774, and from thence to the 1st. January 1779 it was annually added to the Capital. The Profits of the Year 1779, including Part of those of 1780, were divided, and the subsequent Profits to 1st. January 1783 applied towards the Improvements of the Douglas Navigation.

Tonnage, &c. received.

Amount of the Tonnage of the Leeds and Liverpool Canal to 1st. Jan. 1784,	45,278	15	4			
Ditto of the Douglas Navigation to ditto	16,289	16	11			
Received on the Subscription for Surveys, from Withdrawers and the Corporation of Liverpool, - - - - - - -	644	18	9			
				62,213	11	0
				l. 375,015	10	9

Expenditure.

The Leeds and Liverpool Canal, including all Expences and Repairs to 1st. January 1784, has cost - - - - - -	244,421	3	4			
The Douglas Navigation, including l. 22,000, the Purchase Money, with the Canals and Improvements made upon it, and Repairs to the same Time, has cost - - - - - - - -	56,296	12	2			
Expence of the Navigations				300,717	15	6
Interest allowed out of the Calls, and paid for Money borrowed -	24,975	00	4			
Ditto made Stock - - - - - - - - -	54,960	19	9			
Dividend of the Profits paid to the Proprietors in March 1780 - -	5,520	9	9			
Ditto of the Year 1783, payable 10th. June 1784. - - -	6,281	6	8			
Interest and Dividends				91,737	16	6
				l. 392,455	12	0
Capital, with Tonnage, &c. received, as above				375,015	10	9
Debt due from the Company - -				l. 17,440	1	3

(*At General Assembly of the Company of Proprietors of the Leeds and Liverpool Canal and Douglas Navigation*, 30th April, 1784, p.2.)

書は “An Abstract of the General State of the Accounts of the Company of Proprietors of the Canal Navigation from Leeds to Liverpool,” と頭書きされていて（図表8－7），資本金の部，通行料その他の収入の部，支出の部に3区分されている。

資本金の部では，1779年1月1日までの原初株式（original shares）2,259株に対する払込金額28万7,101ポンド16ペンス3シリング，次に同日までの新株1万9,840ポンドに対す応募などの資本的収入が記載されている。この資本金の部の下には，注記（N.B.）があり，注記には，建設利息5%が株主に対して支払われたこと，1779年の利益は配当され，残額は1784年まで，Douglas Navigationの改良に振り向けられたことが明記されている。通行料その他の収入の部では，1784年1月1日までの通行料収入合計額をLeeds and Liverpool運河とDouglas Navigationに分けて記載し，これにその他の収入が合計されている。支出の部は，2区分されていて，上段は1784年1月1日までの運河建設のための支払い合計額が，下段には支払利子および配当額が掲記されている。Lancaster運河とLeeds and Liverpool運河に見られるように，資本勘定を独立させ，詳説する要因は，完成するまでは，通行料収入が運河建設に振り向けられるとともに，調達した資本に対する管理責任を明確にすることによって，株主の最も関心のある事項に対応しようとするものであった。

これに対して，運河マニア以後に建設された運河の場合，資本収支計算書だけでなく，損益計算書も公開された。たとえば，1810年に完成するKennet and Avon運河では，完成までの期間に資本収支計算書が不定的に公開されるが，完成とともに資本収支計算書である資本勘定は締め切られ，開示されることはなかった。ただ，同運河の支線であるAvon and Gloucestershire鉄道の建設が完成する1833年に資本勘定が公開されている。しかし，資本勘定は運河全体のものではなく，鉄道のみのものであった[345]。このように運河会社では，いったん締め切られた資本勘定が，運河の拡張や合併等の後に公

345) *Report of the Committee of Management of the Kennet and Avon Canal Navigation*, 16 July, 1833, p.1.

図表8－8　Kennet and Avon運河収支計算書1823年

ACCOUNT OF THE RECEIPTS & EXPENDITURE
OF THE
Kennet and Avon Canal Company,
For the Year ending 29th of May, 1823.

DR.

	L.	S.	D.	L.	S.	D.
To Tonnage on the Kennet and Avon Canal.						
1822. L. s. d. 1822. L. s. d.						
June, 1,537 2 2 Dec. 2,330 19 11						
July, 1,989 11 10 1823.						
Aug. 2,128 11 6 Jan. 1,047 15 1						
Feb. 2,963 16 0						
Sept. 1,908 3 9 Mar. 3,404 8 11						
Oct. 3,344 6 9 Apr. 2,734 10 8						
Nov. 2,302 13 7 May, 2,107 6 4						
14,214 9 7 14,388 16 11	28,803	6	5			
Less by Drawbacks, chiefly on Coals,	1,128	10	7	27,674	16	4
Weighing and Wharfage at Hungerford,				101	3	0
One Half-year's Dividend on 17 River Avon Shares, due 3d Sept. last,	1,020	0	0			
Ditto on 4 ditto,	240	0	0	1,260	0	0
Ditto on 6 ditto,	360	0	0			
One Year's Rent Charge, due Jan. 1823,	100	0	0	460	0	0
Rent to 25th March last,				809	16	4
Half-Year's Interest on £4,865 13 11 a Loan to River Avon Co. for making a Horse Towing Path, due 3d Sept. last,	121	13	0			
Ditto on £4,866 14 11, due 3d March last,	121	13	4	243	6	4
Fines and Penalties,				34	17	1
Tonnage on the River Kennet.						
1st Qr. £1,021 10 1 3rd Qr. £803 1 1						
2nd 1,228 0 6 4th 1,308 15 4	4,363	7	10			
Wharfage, £412 10 6						
Rent, 351 8 6						
Sundries, 118 2 7	882	1	7			
	5,245	9	5			
Repairs, £1,477 16 7 Taxes, £514 3 11						
Salaries, 406 0 0 Sundries 127 13 1	2,525	13	7	2,719	15	10
				£33,303	11	11

CR.

	L.	S.	D.	L.	S.	D.
By Repairing the Lining of the Canal, Locks, Aqueducts, Bridges, Culverts, Fences, &c.						
Eastern District, 14 Miles,	1,048	2	10			
Middle Ditto, 23½ Ditto,	1,016	2	6			
Western Ditto, 19½ Ditto,	1,453	16	11	3,518	2	3
Salaries of Clerks, Agents, Lock-keepers, &c						
12 Clerks and Agents,	1,460	16	8			
25 Lock-keepers,	912	18	3			
Surveying, Mapping, &c.	243	4	6			
Coals,	4	13	0	2,621	12	5
Rent and Taxes of Offices, &c.				193	8	1
Printing, Stationery, and Advertisements,				134	18	6
General and Sub-Committee Expences,				571	17	10
Travelling Expences of Engineer and Agents, Postage, Stamps, &c.				290	14	7
Weighing Barges at the Guaging Dock,				45	17	10
Working Steam Engines on Summit Level,				620	14	11
Remainder of the Cost of the New Cut at Sheffield Mills, on the River Kennet,				450	0	0
Ice-breaking,				61	19	10
Damages of Land,				7	3	0
One Year's Rent Charge to F. Page, Esq. to April 6, the whole or any part redeemable at 20 year's purchase,				1,500	0	0
Interest on £10,500, the Cost of four River Avon Shares, from 29th May, to 23rd Dec., 1822, when £1,500 was paid in part of the Principal,	299	3	7			
Interest on the Remaining £9000, from 23rd Dec., 1822, to 29th May, 1823,	193	11	3	492	14	10
Rent and Tithes to 25th March last,				1,093	1	0
Law Charges,				58	14	6
Balance of Interest Account,				4	17	7
Balance,				21,637	17	9
				£33,303	14	11

(*To the Proprietors of Kennet and Avon Canal Navigation*, 2nd June, p.2.)

開されることが一般的であった。完成後，公開された財務諸表は収支計算書である。Kennet and Avon 運河 1823 年の年次報告書では，収支計算書が開示されている（図表8－8）。この収支計算書は“Account of the Receipts and Expenditure”と頭書きされ，現金主義で作成され，完成後毎期公開されている。

1823 年の収支計算書は勘定式で，借方は，収入が Kennet and Avon 運河と Kennet 川の２つに分けて表示されている。Kennet and Avon 運河のセクションでは，１年間の通行料収入が月別に記載され，そこから石炭輸送の割戻しが直接控除され，Avon 川の株式からの受取配当額や受取利息がそれぞれ項目ごとに記載されている。

図表8－9 Kennet and Avon運河一般貸借対照表1823年

GENERAL ACCOUNT OF THE
Kennet and Avon Canal Company,
Continued to 29th of May, 1823.

Dr.

	L.	S.	D.
To Amount of Stock and Balance, due as per last Year's Statement,…………	27,138	10	8
The River Avon Company, received of them, in further part payment of the Horse Towing-Path Debt,…………	2,240	0	0
Balance of Annual Account, as above,….	21,637	17	9
	£51,036	8	6

Cr.

		L. s. D.	L. s. D.
By Dividends paid the Proprietors since last Year,……………………		…………	21,221 18 6
Paid on Account of Offices, with a Dwelling House, built at Bathwick,………		…………	1,097 9 1
River Avon Towing-Path, further advance,		…………	204 4 7
Western Union Canal, further Expence of Application to Parliament,………		…………	9 10 11
Paid for the Purchase of a Roadway, from the Market-place, to the Wharf at Newbury,……………………		…………	450 0 0
Damages done to Land in making part of the Canal, in the Parish of All Cannings,		…………	482 19 1
Paid in part of £10,500, the Purchase Money of four River Avon Shares,…		…………	1,500 0 0
Bad Debts incurred on the River Kennet, from 1815, to 1823,………………		…………	116 4 6
Due for Tonnage on the K. & A. Canal,..		6,137 18 10	
Due for Ditto on the River Kennet,……		587 10 10	
Due on Balance of Rent Account,… ….		58 18 10	
Due on Ditto of other Debts,…………		1,929 6 5	
Due from the Treasurers,.. ..	£5,383 14 3		
Due from Ditto, on Account of unclaimed Dividends,..	3,279 1 9		
Due from Ditto, on Account of the Sinking Fund,….	1,875 19 0	10,737 15 0	
Due from the Accountant,………………		5 12 8	
Due from Tonnage Agents,…… ………		197 8 6	
Due from Sir B. Hobhouse and Co……		755 13 6	
Stock in Hand, consisting of Land and Materials,……………………		5,606 3 2	25,954 1 9
			£51,036 8 5

Audited this Account, *26th July, 1823,* { *John Lewis* / *Thos. Sanders.* / [illegible] }

(*To the Proprietors of the Kennet and Avon Canal Navigation*, 2nd June, 1823, p.3.)

Kennet川のセクションでは，四半期ごとの通行料収入と波止場使用料収入，受取地代などが掲記されている。その下にKennet川の修繕費，税金，給与その他の支出が直接控除され，収入合計3万3,308ポンド14シリング11ペンスが計算されている。

貸方は，運河の管理上最も重要な運河の修繕費[346]が地区別に計上され，つぎに，書記，エージェント，水門管理人の給料，さらに，事務所の賃貸料，税金，印刷費，文具および広告費，取締役会および小委員会費，エンジニアとエージェントの旅費および通信費，蒸気エンジンの操業費，氷の掘削費，支払利子，法務費などが計上されている。借方との差額である2万1,677ポンド17シリング9ペンスは一般貸借対照表（General Balance Sheet）（図表8－9）に掲記されている。

1823年の一般貸借対照表は[347)]，“General Account”と頭書きされ，勘定形式で，借方に資産，貸方に負債が掲記されている。運河会社では現金の流れを基準として会計組織が構成されていた。したがって，損益計算書における貸方残高は配当すべき現金を表示するものと解され，個別法に規定されていた配当は利益からという原則に合致するかのように思われた。しかし，現金を基礎とした会計では正確な期間損益計算はできず，配当額に対する株主の不信感を取り除くことはできなかった。そこで，現金主義会計のシステムを総括するすべての勘定の一覧表である一般貸借対照表が開示された。一般貸借対照表の開示のもう一つの理由は，損益計算書だけでは，運河会社の財政状態を把握することができなかったからである。運河会社では，建設時の資本調達の過程で，多額の負債を抱える場合が多く，損益計算書で利益があっても，負債および資産の状況によっては，会社の存続に関わることが考えられ，したがって，株主は資産と負債に関する情報を要求し，運河会社の経営者はそれに答えなければならなかったのである。

産業革命期の主要交通機関として登場する運河会社は，巨額の資本を必要としたため，数多くの製造会社がパートナーシップの会社であったのに対して，株式会社形態を取ることになった。運河会社は有限責任を持つ株主で構成され，継続企業として設立された。運河会社の株主は，長期化する運河建設に

346）運河会社は施設を所有し，通行料をとる経営形態であったため，施設の維持管理のための修繕費は最も重要な支出項目で，その内容は，築堤や藻の除去などであった。たとえば，Leeds and Liverpool 運河の損益計算書をみても，修繕費は独立した項目で，支出項目の最初に掲記され，金額も最も多いものであった（村田直樹「Leeds and Liverpool 運河の財務と会計」『長崎県立大学論集』第25巻第3・4号，1992年，276-279ページ。

347）Kennet and Avon 運河の一般貸借対照表は1817年から開示されている。この年の小委員会に報告されたトレジャラー勘定では，残高を計算して一般貸借対照表に転記することが記載されている（J. R. Edwards, *A History Financial Accounting*, 1989, p.165.）。

対して，自己の投下した資金の財政状態や建設利息に関する財務情報を運河会社に対して要求した。運河会社は株主の要請にしたがい，資本収支計算書である資本勘定を開示した。Lancaster 運河 1795 年の要約収支計算書や Leeds and Liverpool 運河 1784 年の一般資本収支計算書等がその例である。運河経営者は運河建設の完了にともない，完成した運河を物的証拠として，資本の受託責任を明示する資本勘定を締め切り公開した。Lancaster 運河 1891-1898 年一般要約資本収支計算書がそれである。

運河の営業開始とともに，締め切られ，開示されなくなった資本勘定に変わり，収益勘定が公開される。株主は，定期的な配当を要求する。特に運河マニア後の財務的動機をもつ株主が増えるにしたがって，平均的な市場利子率を上回る配当が，要求される。このような株主の要求に対応するため，運河会社は配当可能利益計算に必要な会計組織を構築し，期間計算によって利益を計算しなければならなくなった。個別法によって資本からの配当は禁止されていたので，配当が営業によって生じた利益から行われていることを表明するため，開業後に収益勘定を作成し開示した。Kennet and Avon 運河 1823 年の収支計算書は，その例である。さらに，収益勘定だけでは，運河会社の財政状態を把握できないことから，株主の要請にしたがい，現金主義で記録された各勘定の残高の総括である一般貸借対照表が開示された。Kennet and Avon 運河一般貸借対照表 1823 年がそれである。

運河会社が資本的収支を表示する資本勘定，収益的収支を表示する収益勘定，そして全体を総括する一般貸借対照表を独立させて開示するのは，株主層の構造的変化に対応するため，経営活動を効率的に行うために作成される財務諸表を開示することによって，株主の要求に応えようとしたからである。さらに，これらを通じて運河会社の会計は，分化した株主層の利害調整機能を副次的にもつこととなった。また，資本勘定，収益勘定，一般貸借対照表を基礎とする会計組織の構築は，その後の鉄道会計の基礎となった。イギリスにおける株式会社会計の展開に対して，運河会社の会計は，株式会社の資本の巨大化，運河建設の長期化，株主の拡大と分化，それにともなう定期的な配当の要求などが課題として，生起し，運河会社はこれに対応するため，会計の理論と技術を精緻化していくこととなる。この精緻化の経済的基盤は，運河への継続的で長期的な投資から生じる資本の有機的構成の高度化である。

Ⅳ 見積原価と管理会計

見積原価を基礎とする原価計算は，実際原価による原価計算とほぼ同時に生成している。岡本清教授によれば，商的工業簿記の欠陥から原価計算の必要性が認識されることになるが，その際に実際原価計算を取り入れる企業もあれば，見積原価計算を採用する企業もあった[348]と述べている。また，17世紀イギリスの銅精錬業[349]や18世紀の鉱山業[350]においては，見積原価計算が採用されていたという報告がなされている。これらの見積原価計算は，価格決定や棚卸資産評価を目的として，見積原価と実際原価を比較し，実際原価を基準として見積原価を修正していこうとするものである。この見積原価は，実際原価計算の記帳・計算を簡素化して早期の価格決定を行おうとするもので，実際原価計算の簡便法である。ここでは，製品の売価は，原価見積に一定のマージンを加えて決定されていた。

これに対して，17世紀の運河会社では，その起業時から意思決定に対する基礎資料としての見積原価計算が行われていた。この見積原価計算では，輸送手段やルートの選択を目的として，見積原価を比較するものであった。したがってその課題は，正確な見積原価をいかに科学的に算出するかであった。これら見積原価計算の担い手は，土木技師であり，運河のプロモーターに報告された。たとえば，土木技師J. BrindleyがLeeds and Liverpool運河プロモーターに報告した建設計画および建設原価の見積に関する報告書や[351] Kennet and Avon

348）岡本　清『原価計算』国元書房，1975年，77ページ。

349）G. Hammersley, ed. *Daniel Hesitater the Younger: Memorabilia and Letters: 1600-1638,* 1955, pp.82-86.

350）H. Jones, *Accounting, Costing and Cost Estimation, Welsh Industry: 1700-1830,* 1985, pp.75-112.

351）C. Hadfield and G. Biddle, *The Canals of North-West England,* 1970, pp.149-150.

運河土木技師 J. Rennie の報告書[352] などがその例である。このような報告書では，建設原価が見積もられると，議会の個別法によって見積建設原価額を元にした授権資本額が決定され，会社内部では，料金決定のための見積原価計算が土木技師によって行われた。この見積原価計算には，見積建設原価を基礎とした投下資本利子や人件費，水門の減価償却費，修繕費，艀の費用，水の供給に関する費用などが計算された[353]。

運河の見積原価計算による報告書に共通するのは，すべて運河経営者やプロモーターの要請を受けて，意思決定の資料として土木技師が行ったものであるということである。経営者やプロモーターの意思決定資料となり得るためには，土木技師は運河建設の土木技術とともに原価情報が必要であり，土木技師はこの課題に取り組まなければならなかった。さらに，土木技師が行った建設原価の見積計算や料金決定のための見積原価計算には，経営者やプロモーターの要請を受けて，投下資本利子の回収計算や原価構成要素としての減価償却費を含み，資本家的計算思考を持つものであった。このような見積原価計算に対する基本的な考え方は，後の鉄道会計にも引き継がれている[354]。経営管理に対する会計の適用については，19 世紀末から 20 世紀初頭にかけての科学的管理法成立以後から論じられることが一般的である。それ以前の時期は，成り行き管理の時代として切り捨てられてきた。また，20 世紀以前の見積原価計算に対する評価は，実際原価計算の簡便法という程度のものであって，その科学性については全く評価されてこなかった。しかし 18 世紀の運河会社に提出された土木技師の報告書は，多くの実験や科学的計算に裏打ちされた見積原価であり，実務的な管理手段としての原価計算を包含するものであった。

---

352) C. Hadfield, *The Canals of South and South East England,* 1970, 241-242.

353) J. Rennie, *A Report on the Comparative Advantage of a Canal or on Iron Railway, proposed to be made between in London Docks and the Grand Junction Canal to Paddington; and also a Shame for a canal, with Double Railway on each side of it,* 1802, pp.1-6.

354) たとえば，Liverpool and Manchester 鉄道の Walker 報告書などがある（J. Walker, *Liverpool and Manchester Railway: Report to the Directors on the Comparative of Loco-motive and Fixed Engines,* 1829, pp.1-24.）。

第9章　イギリス鉄道の会計史

Ⅰ　イギリス鉄道会社の財務構造と鉄道会計

19世紀に登場する鉄道は，産業革命によって国内に蓄積された資本と工業的技術の集大成であった。鉄道に投下される資本は当時の他の産業と比べて莫大で，しかもその固定化が著しく，このような巨額で固定化した資本の管理問題に直面した最初の企業であった。莫大な資金需要を満たすためには，株式会社形態が必要で，そのためには運河会社同様に，資本調達と土地収用を可能にする議会によって認可された個別法が必要であった。したがって鉄道はその建設期から公的規制が存在した。さらに，株式による建設資金の調達は，配当の問題から逃れることはできず，会計はこのような状況に見合う財務情報の提供が必要となったのである。そこで財務報告の基礎となる財務構造を概観することによって，鉄道と会計の関係を分析する前提条件を見いだすことができる。

1．イギリス主要鉄道の資本構造

①Grand Junction鉄道

Grand Junction鉄道は，Liverpool and Manchester鉄道の商業的成功に触発されたLiverpoolの資本化集団を中心に建設が進められた鉄道である。その後両鉄道は，効率的な交通網を志向する彼らの意志を反映して，合併することになる。LiverpoolとBirminghamを結ぶGrand Junction鉄道は，Liverpool and Manchester鉄道の発起人会の議長であったC. Lawrence，副議長であったJ. Mossなどが中心となって1832年に2度目の建設計画を議会に提出し，1833年に議会によって認可された授権資本額150万ポンド，83マイルの鉄道である。

Grand Junction 鉄道の株主の地域分布を見ると（図表９－１），持ち株の名目合計金額で1835年66%，1845年55%とLiverpoolの資本が最も多く，これに対してBirminghamは1835年10%となっている。1835年から1845年の傾向を見ると若干ではあるが地域的な広がりを見せている。鉄道初期のLiverpool資本家集団の重要性は，指摘されているところであるが，間違いなく，Liverpool and Manchester鉄道の成功が刺激となっている。またこの点に加えて，Liverpoolと鉄道技師Stephensonとの結びつきを指摘する論者もいる[355]。

次に，職業別の株主（図表９－２）をみると，Liverpoolという地域を反映して，1835年には商人（trade men）が最も多く，持ち株の名目合計金額で，53%を占めている。次に地主・貴族（gentlemen and peers），専門職（professional men）となっている。地主・貴族は1835年と1845年を比較すると大幅に上昇している。同様の傾向は婦人（women）にも見られる。湯沢威教授はこの点について「1840年代中頃以降，鉄道が地主を中心とする金利生活者の有力な投資対象に転化し始めたという一般的傾向の現れに他ならない」[356]と述べ，運河の財務との違いを指摘している。さらに，1842年から1845年の配当額を見ると[357]５ポンドと安定しており，このことが地主・貴族，婦人といった層の誘因となった。株主層の拡散は，配当額よりも資本の永久的価値に関心をもつ永久的投資的株主と資本の永久的価値には関心がなく，現在の配当額に興味をもつ一時的投機的株主の分化を生み出した[358]。前者である機能資本家は実体資本の維持に注目し，後者である無機能資本家は配当額の基礎となる利益に関心があった。このような株式層の分化とその調整が鉄道会計の重要な目的の一つとなった。その結果，これら利害の異なる株主層の分化とその調整は，鉄道経営者の財務政策や配当政策を基盤とした鉄道会社の会計報告や減価償却の会

355) H. Polins, “Aspects of Railway Accounting before 1868”, in M. C. Reed, ed, *Railway in Victorian Economy,* 1969, pp.161-162.

356) 湯沢　威『イギリス鉄道経営史』1988年，74ページ。

357) *Bradshow's Railway Manual, Shareholders' Guide and Directory,* 1869, appendix, p.47.

358) D. Lardner, *Railway Economy,* 1850, pp.115-116.

図表9－1 Grand Junction鉄道株地域分布

地　域	1833年		1844年		1835年		1844年	
	Ⅰ	Ⅱ	Ⅰ	Ⅱ	Ⅰ	Ⅱ	Ⅰ	Ⅱ
		£ 000		£ 000	%	%	%	%
Scotland			122	145.4			7	6
Ireland	4	3.5	46	67.4	1	0	3	3
North; Yorks	4	21.5	62	68.3	1	2	3	3
Liverpool	342	574.9	887	1,359.7	64	66	49	55
Manchester	16	27.1	75	79.2	3	3	4	3
Westmorland; Lancs., Ches.	37	47.4	232	214.7	7	5	13	9
Staffs.	15	19.8	39	64.0	3	2	2	3
Birmingham	53	83.8	23	11.6	10	10	1	0
Midlans	24	42.3	77	68.8	5	5	4	3
East	2	2.3	17	13.4	0	3	1	1
London	19	33.1	113	202.1	4	4	6	8
South	2	2.5	31	35.8	0	0	2	1
Wales	3	2.7	28	19.7	1	0	2	1
West; S. Wales	5	8.0	39	51.6	1	1	2	2
外国	1	1.0	8	8.0	0	0	0	0
不明	6	7.6	22	47.8	1	1	1	2
合　計	533	877.5	1,821	2,457.2	100	100	100	100

(注) Ⅰは持株数(結合所有を単所有として取り扱っている。)
Ⅱは持株の名目合計金額。
(M. C. Reed, *Investment in Railway in Britain, 1820-1844*, 1857, p.128.)

図表9－2 Grand Junction鉄道株主(職業別)

職　業	1833年		1844年		1835年		1844年	
	Ⅰ	Ⅱ	Ⅰ	Ⅱ	Ⅰ	Ⅱ	Ⅰ	Ⅱ
		£ 000		£ 000	%	%	%	%
商人	260	461.1	338	739.1	49	53	19	30
製造業者	52	66.6	54	44.8	10	8	3	2
銀行	15	29.6	37	166.8	3	3	2	7
専門職	62	88.6	212	320.1	12	10	12	13
諸職業※	53	45.0	86	50.8	10	5	5	3
大地主			14	4.4			1	0
地主・貴族	78	175.7	536	836.6	15	20	29	34
不明			23	19.8			1	1
婦人	13	10.9	521	281.5	2	1	29	11
合計	533	877.5	1,821	2,457.2	100	100	100	100

(注) Ⅰは持株数(結合所有を単所有として取り扱っている。)
Ⅱは持株の名目合計金額。
※この項目には,教師(teachers),技師(engineers),熟練工(craftmen)などが含まれる。
(M. C. Reed, *Investment in Railway in Britain, 1820-1844,* 1857, p.132.)

計処理に多大な影響を与えたのである。

② London and Birmingham 鉄道

London and Birmingham 鉄道は，1835 年に議会の認可を得て，1838 年に開通した初期のイギリス鉄道を代表する鉄道である[359)]。London and Birmingham 鉄道は当時の他の鉄道と比較して，かなり高額の建設費で建設されている。前出の Grand Junction 鉄道は，全長 82 3/4 マイルで総建設費 186 万 4,800 ポンド，1834 年認可の London and South Western 鉄道は全長 76 3/4 マイルで建設費 186 万ポンドであったのに対して，London and Birmingham 鉄道は，全長 112 1/2 マイルで建設費は 607 万 3,114 ポンドであった。この鉄道に対する計画は 1825 年から提案されていたが，1825 年はイギリスが循環型の資本主義的恐慌を初めて経験する年であり，実現には至らなかった。1831 年に改めて Stephenson 父子による計画書が議会に提出されるが認可を得られず[360)]，1833 年に議会認可が得られるまでに議会費用（parliamentary expenses）だけでも 7 万 3,000 ポンドを費やしている[361)]。またこの鉄道は建設自体も難航し，たとえば，同鉄道の最大級のトンネルである Kilsdy トンネルは，当初 9 万ポンドの建設費が見積もられていたが，実際建設額は 30 万ポンドとなった[362)]。

1833 年の認可法では 24 名の取締役（図表 9 − 3）のうち，少なくとも 10 名は London から 20 マイルの在住者，また，少なくとも 10 名は Birmingham から 20 マイル以内の在住者でなければならないとされていた[363)]。

初代会長には商人の I. Solly が就任した。しかし，全線の開通する 1838 年 9 月にはロンドンの銀行家である G. C. Glyn が就任し，その後同鉄道を含む三つの鉄道の合併によって成立した London and North Western 鉄道の会長にも就

359） W. L. Steel, *The History of the London and North Western Railway*, 1914, pp64-65.
360） J. Francis, *A History of the English Railway*, Vo.1, 1851, p.172.
361） H. G. Lewin, *Early British Railway: A Short History of their Original Development, 1801-1844*, 1925, pp.22-23.
362） W. L. Steel, *The History of The London and North Western Railway*, 1914, p.58.
363） *An Act of making a Railway London to Birmingham*, 6th, May, 1833, CXL VIII, CL V, CL VI.

図表9－3　London and Birmingham鉄道取締役会

George Pearkes Barcley	James Pearson
Edmond Calvert	William Phipson
William T. Copeland	Jhon Lewis Prevost
Edward Cropper	Theodore W. Rathbone
James Foster	Henry Rowles
William Francis	Isaac Solly
Robert Garnett	Timothy Smith
George Carr Glyn	John Sturge
Pascoe Saint Leger Grenfell	Thomas Took
Daniel Ledsam	John Turner
Joseph Fredrick Ledsam	Joseph Walker
John George Show Lefevre	Henry Warre

(J. Francis, *A History of English Railway*, Vol.1, 1851, p.181.)

任している[364]。

London and Birmingham鉄道株地域分布（図表9－4）をみると，Grand Junction鉄道と同様にLiverpoolが最も多く，全体の41%を所有している。これに関してM. C. Reedは，Cityとの結びつきが強く，London証券取引所の人々が最も関心を寄せたLondon and Birmingham鉄道でさえ，LondonとBirminghamを合計した株式数よりも，LancashireとCheshireの株式数が多く，Liverpoolだけで当該鉄道の総資本額2万5,000ポンドの約半数の資本を調達している。これは，当時のイギリス鉄道の一般的な傾向であった[365]と指摘されている。この地域分布から分析できる重要な点は，鉄道建設に関与した層と，遊休貨幣を鉄道会社に投資した投資家層の間が乖離していたことである。

職業別のLondon and Birmingham鉄道株主（図表9－5）では，1833年と1837年を比較すると，商人及び生産者が減少するのに対して，紳士・貴族の持ち株が上昇していることが特徴的である。この期の鉄道は株式が分散し，鉄道からの経済的な便益を求める人々に加え，鉄道証券のプレミアムや配当を意

364）J. Francis, *A History of the English Railway*, Vol.2, 1851, pp.1-3.
365）M. C. Reed, “Railway and Growth of the Capital Market”, in M. C. Reed, ed., *Railway in the Victorian Economy*, 1969, p.174.

図表9－4　London and Birmingham鉄道株地域分布（1836年）

地　域	持　株　数	割　合
London	1,811	7.2%
Birmingham	884	3.5
Liverpool	10,299	41.2
Manchester	4,973	19.9
Lancaster and Chester	2,323	9.3
Scottered	4,191	16.8
Ireland	439	1.8
Scotland	80	0.3
合　計	25,000	100.0%

（M. C. Reed, *Investment in Railway in Britain, 1820-1844,* 1857, p.134.）

図表9－5　職業別のLondon and Birmingham鉄道株主

職　業	総所有 1833年 I	1833年 II	1837年 I	1837年 II	1833年 I	1833年 II	1837年 I	1837年 II
		£		£	%	%	%	%
商　人	681	1,014.2	376	1,256.2	47	51	25	40
生産者	216	275.2	118	240.3	15	14	8	8
銀　行	41	76.2	31	161.9	3	4	2	5
専門職	146	150.9	144	277.1	10	8	10	9
諸職業	78	60.4	72	70.4	5	3	5	2
地　主	17	15.9	12	11.5	1	1	1	0
紳士・貴族	208	324.3	514	971.0	14	16	34	31
不　明	3	8.4	5	15.1	0	0	0	0
婦　人	66	56.7	219	149.0	5	3	15	5
合　計	1,456	1,982.2	1,491	3,152.5	100	100	100	100

（注）Ⅰは持株数（結合所有を単所有として取扱っているため，株主数を表わす）
　　Ⅱは持株の名目合計金額。
　　（M. C. Reed, *Investment in Railway in Britain, 1820-1844,* 1857, p.137.）

識した人々が増大した。鉄道における株主層の分化である。この点について，D. Lardner は，以下のように指摘する。すなわち，株式の分散にともなって鉄道会社の株主が，配当額よりも資本の永久的価値に関心を持つ永久的投資的株主と，資本の永久的価値には関心がなく，現在の配当額に注目する一時的投機的株主に分化し，前者は取締役に対してその意向を反映させ，企業の安定を願っており，後者は高配当とそれにともなう高額のプレミアムを目的としたと述べている[366)]。このような株主層の分化は，鉄道会社の財務政策や会計処理に多大な影響を与えた。永久的投資的株主すなわち大株主は，収益の元本たる物的資産が有効に維持されていることを何よりも期待する株主で，これに対応するため鉄道会社は，資本勘定を独立させ，固定資本がどのように維持・管理されているかを明確にする必要があった。また，分化した株主の調整をはかるためには，収益勘定での配当可能利益の正確性が要求された。鉄道の安定期には，大株主の意向を反映し利益の内部留保がはかられたが，資金を必要とする拡張期には，利益の大半が配当にまわされ，小株主の資本投資を誘引した。

③ Great Western 鉄道

Great Western 鉄道は，London と Bristol を結ぶ 1841 年に完成した 120 マイルの鉄道である。最初の計画は，1824 年に Bristol の商人が中心となって企画されたが，この計画は成功しなかった。Bristol は，西部の毛織物工業が盛んな頃，西海岸最大の港湾都市として繁栄していたが，産業革命以後，繁栄の中心が北西部に移るにつれて，衰退し，湯沢威教授によれば，Bristol 商人の企業家精神は積極的に鉄道建設に向かったとされている[367)]。その後，1830 年代に Bristol の商人は London の資本家に対して，Great Western 鉄道の建設を呼びかけ，1833 年までには London の銀行家や資本家の賛同を得ている[368)]。その結果，

366) D. Lardner, *Railway Economy*, 1850, pp.115-116.
367) 湯沢　威『イギリス鉄道経営史』日本経済評論社，1988 年，84 ページ。
368) P. Halliday, "The Inception of Great Western Railway," *Great Western Magazine*, 1901, p.31.

図表9－6　Great Western鉄道株地域分布

地域	1835		1835-1856		1835		1835-1836	
	I	II	I	II	I	II	I	II
		£000		£000	%	%	%	%
Scotland	1	0.1	6	6.0	0	0	0	0
Ireland	13	36.3	48	82.1	1	2	3	4
North ; Yorks	5	3.6	12	11.4	0	0	1	1
Liverpool	5	2.5	47	117.2	0	0	3	5
Lancs. ; Ches.	4	3.7	12	49.4	0	0	1	2
Midlands	13	16.9	29	39.6	1	1	2	2
East	1	2.0	8	21.8	0	0	1	1
London	90	309.6	297	836.0	5	15	21	37
South	68	70.9	93	93.8	4	4	7	4
Glam. ; Mon.	129	61.1	144	68.7	7	3	10	3
Wales	11	3.8	21	12.3	1	0	2	1
Bristol	299	533.9	394	591.6	17	26	28	26
West	212	203.4	304	277.7	12	10	21	12
Foreign	2	2.0	8	7.6	0	0	1	0
Unplaced	937	784.2	7	20.8	53	39	0	1
合計	1,787	2,034.0	1,430	2,235.8	100	100	100	100

（注）Ⅰは持株数（結合所有を単所有として取り扱っている。）
Ⅱは持株の名目合計金額。
（M. C. Reed, *Investment in Railway in Britain, 1820-1844*, 1857, p.154.）

図表9－7　Great Western鉄道株主（職業別）

職業	1835		1835-1836		1835		1835-1836	
	I	II	I	II	I	II	I	II
		£000		£000	%	%	%	%
商人	260	492.8	352	653.1	15	21	25	28
製造業者	114	194.2	134	189.9	6	10	9	8
銀行	13	35.3	24	60.4	1	2	2	3
専門職	108	111.8	173	193.7	6	6	12	9
諸職業＊	92	33.3	129	105.7	5	2	9	5
大地主	7	4.4	9	3.5	0	0	1	0
地主・貴族	183	413.9	449	932.6	10	20	31	42
不明	833	761.3	20	24.6	49	37	1	1
婦人	127	50.0	140	90.3	7	2	10	10
合計	1787	2034.0	1430	2235.8	100	100	100	100

（注）※この項目には教師（teachers），技師（engineers），熟練工（craftmen）などが含まれる。
（M. C. Reed, *Investment in Railway in Britain, 1820-1844*, 1857, p.157.）

Great Western 鉄道では，London と Bristol の両方に取締役会が設置され，その体制は 1834 年まで維持された[369]。1833 年には，土木技師の I. K. Brunnel[370] が主任技師に就任し，建設原価の見積を行っている。全長 120 マイルの鉄道に対する建設費が219万820ポンド，その他の費用が30万9,180ポンドの見積額であった[371]。1835 年に認可された個別法では，授権資本額 250 万ポンドと規定されている。これは，100 ポンド株で，1 株あたり 5 ポンドのコールが要求された。

Great Western 鉄道株地域分布（図表 9 － 6）を見ると，1835 年時点では，Bristol が最も多く 26% で，London は，15%である。しかし，1835 年から 1836 年にかけて，この地位は逆転し，London が 37%と最も多くなっている。これは，Great Western 鉄道が株主として London の無機能資本家を吸収し，株式の分散が起こったことを示している。この点は，Great Western 鉄道株主（職業別）（図表 9 － 7）で示した 1835 年から 1836 年にかけて商人と地主・貴族の関係を見ても明らかである。

Ⅱ　イギリス鉄道の会計報告

イギリスの鉄道会社は，議会の認可を得て法定会社として，株式会社形態を採用して，莫大な建設資金需要に対応することとなった。公共交通機関として鉄道に先行する運河会社も，株式会社形態を取り，株主に対して帳簿閲覧権を

369）*Great Western Railway, Report, Fifteenth Half-Yearly General Meeting,* 16th February 1843, p.1.

370）I. K. Brunnel は，世界で最初の海底トンネルであるテムズ・トンネルや汽船 Great Western 号の設計と建造を行った土木技師で，橋梁技師としても有名であった。また，父の M. Brunnel は，シールド工法の発明者である（管　健彦『英雄時代の鉄道技師たち』山海堂，1987 年，266-227 ページ）。Great Western 鉄道との関係で，最も重要な点は，当時の主要鉄道が，Stephenson 父子によって推奨されていた 4 フィート 8 インチの軌間を持つ軌道を採用していたのに対して，I. K. Brunnel は 7 フィート 1/4 インチの超広軌道を採用した。その結果 Great Western 鉄道は，スピードや安全面では優位に立ったが，拡張時の合併の障害となった。

371）P. Halliday, “The Inception of Great Western Railway,” *Great Western Magazine,* 1901, p.33.

図表9－8　Eastern Counties鉄道の貨物輸送1845年

貨物品目	輸送量
牛	1,537 頭
羊	3,540 頭
豚	254 頭
穀物	17,431 袋
小麦粉	6,874 袋
ウール	65 トン
食用肉	209 トン
家禽	51 トン
魚	219 トン
フルーツ	274 トン
エールビール	246 トン
ワイン	80 トン
ミルク	20,676 トン
パン	63 フォータタン
雑貨	2,433 トン

(W. Alan, "The Eastern Counties Railway: A Social and Economic History," *Great Eastern Journal*, Vol.73, 1903, p.27.)

付与していたが，鉄道会社は株式が分散し，近代的な意味での株式会社として成立していたため，株主の帳簿閲覧権に替わるものとして，株主への説明責任を果たすため，株主総会での会計報告を定期的に行うこととなった。鉄道会社における会計報告の実態を，上記主要3鉄道と同時期に設立され，同じような財務構造をもつEastern Counties鉄道を例に分析することとする。1836年に授権資本213万3,333ポンドで認可されたEastern Counties鉄道は，East Anglia地方での最初の大鉄道である。この鉄道は，LondonからCambridgeを経由してYorkに至る126マイルの鉄道で，旅客および貨物輸送を行う目的で設立されている[372)]。貨物輸送の中心は農産物で（図表9－8），1839年の6月に営業を開始したが，自然の条件に左右される農産物が貨物輸送の主力であったこともあり，必ずしも成功したとは言えず，配当額は低く，1840年代初頭のLondon and Birmingham鉄道やGrand Junction鉄道が一株当たり5ポンド前後の配当[373]を行っていたのに対して，Eastern Counties 鉄道は一株当たり 17 ペンスあるいは 12 ペンスで，1 ポンドにも満たない配当額で[374]，株価も低迷した。このような状況下で，Eastern Counties 鉄道は，G. Hudson による支配を受けることとなった[375]。G. Hudson は，1840 年代にイギリス鉄道網のかなりの部分を支配下に置き，"Railway King" と呼ばれていた。1845 年に G. Hudson は社長に就任すると，拡張のための資金を求めて，高配当政策を実施する。1845 年下半期の配当額は，前期の配当の 3 倍に当たる一株当たり 3 ポンドとなっている[376]。G. Hudson の社長在任期間である約3年半の間に，高配当政策を維持するために採用された会計処理方法は，①収益勘定における収入の過大表示と支出の過少計上，②収益勘定にチャージすべき支出を資本勘定にチャージする，というものであった。特に，②については，資本的収入と収益的収入は，比較的認識が容易であるが，資本的支出と収益的支出の区別は難解で恣意的要素が入りやすい。この点が後のイギリス鉄道会計における複会計制度の一つの課題となっている。R. S. Lambert によれば，G. Hudson が社長在任期間中におこなった不適切な会計処理によって，作り出された不正な金額は，32 万 572 ポンドに及ぶとしている[377]。

G. Hudson が失脚した 1849 年に組織された W. Cash を委員長とする調査委員会は，G. Hudson の高配当政策を行った当時の鉄道営業支出額が，配当額を先に決定した後に，それに合わせる形で計上されたと報告している[378]。

Eastern Counties 鉄道における G. Hudson のスキャンダルが明らかとなる過

---

372) J. Francis, *A History of the English Railway: Is Social Relation and Revelation* 1820-1845, 1849, p.27.

373) *Bradshow's Railway Manual, Shareholder's Guide and Directory,* 1869, appendix, p.47.

374) *Bradshow's Railway Manual, Shareholder's Guide and Directory,* 1869, appendix, p.45.

375) R. S. Lambert, *The Railway King 1800-1871,* 1934, p.150.

376) *Bradshow's Railway Manual, Shareholder's Guide and Directory,* 1869, *appendix, p.45.*

377) R. S. Lambert, *The Railway King 1800-1871,* 1934, p.253.

程で，Eastern Counties 鉄道では，収益的支出と資本的支出を認識する重要性が再確認され，経営基盤を揺るがす，資本からの配当を行っていないことを明確に表示するための財務諸表の公開が重要な課題となっていった。そこで，1856 年から社長に就任した H. Love は，この問題に取り組み，一定の成果を上げげたと言われている[379]。分析を行う 1859 年の財務諸表は，H. Love による改革が一定の成果をもたらし，経営が安定していた時期である。なお，彼は，1862 年に，この鉄道を中心に周辺鉄道との合併によって成立した，Great Eastern 鉄道の初代社長に就任している[380]。

1859 年上半期の年次報告書は，20 ページからなり，2 - 6 ページは，取締役会報告（Director's Report），7 ページには，各線区の営業距離（Length of Line），8-15 ページには財務諸表，16 ページは監査報告書（Auditor's Report）が掲記され，17 ページには，主任技師 R. Sinclair による技師報告書（Engineer's Report），17-18 ページには機関車管理者からの報告（Report of the Locomotives Superintendent），最後に車輌の走行距離とマイルあたりのコスト比較表が掲載されている。公開されている財務諸表の構成は以下のようなものである。

①資本収支計算書（Statement of Receipts and Expenditure on Capital Account）

Eastern Counties 鉄道 1859 年上半期の資本収支計算書（図表 9 － 9）は，貸方に前期までの資本的収入 1,130 万 1,117 ポンド 19 シリング 8 ペンスが示され，これに連結株のコール（Call on Consolidated Stock）60 ポンドと社債償還のための債券受取合計額 1,150 ポンドを加算し，今期の社債減少額（Mortgage Debt reduced his half-year）4 万 818 ポンド 19 シリング 8 ペンスを差し引いて，資本的収入合計額 1,126 万 1,509 ポンド 18 シリング 8 ペンスが掲記されている。借方は，まず始めに前期までの資本的支出額 110 万 3,380 ポンド 3 シリング 5 ペ

378）*Report of the Committee of Investigation of the Eastern Counties Railway Company,* 1849, p.12.

379）A. Geoff, "The Great Eastern Railway Incorporation and early Change," *Great Eastern Journal,* Vol.154, 2013, p.28.

380）C. J. Allen, *The Great Eastern Railway,* 1955, p.18.

図表9－9　資本収支計算書　1859年

STATEMENT OF RECEIPTS AND EXPENDITURE ON CAPITAL ACCOUNT, for the Half-Year ending 30th June, 1859.

	£ s. d.	£ s. d.		£ s. d.	£ s. d.
To Amount expended to 31st Dec., 1858, as per published Report	....	11,030,383 3 5	By Amount Received to 31st Dec, 1858, as per published Report	....	11,301,117 19 8
To further Amount expended to 30th June, 1859, viz:—			„ Further Amounts Received to 30th June, 1859, viz.:—		
Land Purchases and Vendors' Costs—Old Lines	1,144 3 3		„ Calls on Consolidated Stock	60 0 0	
Northern and Eastern Railway Company—Further Expenditure on Capital Account	104 18 8		„ Amount received on Debenture Stock to pay off Mortgages	1,150 0 0	
Woodford Line—Land Purchases	13 12 10				1,210 0 0
Law Costs, Conveyancing, &c.	84 11 2	1,347 5 11			11,302,327 19 8
New Plant for working Woodford Branch—as sanctioned by the Proprietors at the General Meeting, 19th August, 1858:			Less		
41 Composite Carriages	13,700 0 0		Mortgage Debt reduced this half-year		40,818 5 0
21 Second Class	5,100 0 0				
10 Guards Break Vans	1,200 0 0				
6 Engines	11,000 0 0	31,000 0 0			
Parliamentary Expenses—P. Bruff—Balance as per Award	....	1,974 6 11			
New Works under Amalgamation Agreement—(Clause 13,) on which Interest is chargeable to the Associated Companies, viz:—					
New Shops and Lodges, Bishopsgate Station	879 9 9				
New Parcels Office, do.	294 14 9				
New Cartage Office and Boundary Wall, Brick Lane	220 8 8				
Additional Cattle Pens, &c., Stratford	339 11 6				
Coal Sidings, Stratford Bridge	107 7 0				
Fencing at Victoria Dock Stations	308 0 0				
Erecting 10 Ton Crane, Blackwall Wharf	250 0 0				
Sidings at Braintree and Maldon Stations	290 0 0				
Cattle Sheds, &c., at Tottenham	151 5 11				
Crane at Waltham	150 0 0				
Additional Sidings at Peterborough	490 0 0				
Sidings at Waterbeach and Harston	420 0 0				
Do. at Newmarket and Six Mile Bottom	370 0 0				
Additional Signals, &c., at sundry Stations	240 2 0	4,510 19 7			
Further Payment to the Corporation of Harwich on account of Land	....	5,000 0 0			
		11,074,215 15 10			
To Balance carried down	....	187,293 18 10			
		11,261,509 14 8			£11,261,509 14 8
			„ Balance brought down	....	187,298 18 10

(Eastern Counties Railway, *Forty-six Half-Yearly Meeting*, 25th, August, 1859, p.8.)

ンスが表示され，支線の新設備（New Plant for Working Woodford Branch），議会費（Parliamentary Expenses），関連会社にチャージ可能な利子を含む合併契約に基づく新設備（New-works under Amalgamation Agreement-on which Interest is Chargeable to the associated Company），などの項目が内容を詳細に明示した上で表示し加算され，借方合計額1,107万4,215ポンド15シリング10ペンスが示され，差額の18万7,293ポンド14シリング10ペンスは，一般貸借対照表の借方に転記されている。このように資本的収支を独立させ，詳細に表示するのは，先行する運河会計からの表示方法で，資本的支出と収益的支出を明確に区分し，資本からの配当が行われていないことを表明するものである。

②旅客及び貨物の車輌走行距離，石炭使用量，1マイルあたりコスト（Return, showing the Number of Miles run by Passenger, Goods, and Pilot Engines, the Quantity of Coke and Coal Consumed, and the Cost per mile）

旅客や貨物の走行距離やマイルあたりの運行コストを示す表（図表9－10）は，旅客部門と貨物部門に分けた業績を示し，特にマイルあたりの運行コストは，鉄道の経営状況を表すものとして，重視された。

③車輌増減表（Return of Rolling Stock）

車輌増減表は（図表9－11），機関車部門，旅客部門，貨物部門に所属する車両台数の増減を示したもので，資本収支計算書を補完するものである。

④収益勘定A（Revenue Account A）

収益勘定A（図表9－12）は，借方の上段にEastern Counties鉄道，Great Northern鉄道，East Anglia鉄道など費用が，鉄道ごとに表示され，管理のための引当金（Allowance for Management）500ポンドが追加されている。中段にNewmarket支線の購入に関する費用，下段に利子の支払や事故に対する支出が表示されている。貸方も，三段に分かれ，上段は，全線区の旅客（passengers）からの収入25万6,434ポンド15シリング9ペンスを筆頭に，家畜，石炭を含む貨物，牛，定期，郵便などの輸送物別の収入が示され，合計額61万3,365

図表9－10　旅客及び貨物の車輌走行距離，石炭使用量，1マイルあたりコスト

RETURN, shewing the Number of Miles run by Passenger, Goods, and Pilot Engines, the Quantity of Coke and Coal Consumed, and the Cost per mile.

	Miles run Eastern Counties Railway.	Miles run Tilbury Railway.	Miles run Wells, W. Valley, H. and Welwyn Railway.	Total Miles run.	Quantity of Coke Consumed.	lbs. per mile.	Quantity of Coal Consumed.	lbs per mile.	Total Coke and Coal Consumed.	lbs. per mile.	Total Cost.	Cost per mile.
					T. c.		T. c.		T. c.		£ s. d.	d.
Total Miles run by Trains	2,320,243½	133,835¾	34,864½	2,493,943½	22,214 9	19·9524	10,706 7	9·6162	32,920 16	29·5686	32,282 8 10	3·1067
Piloting and Light Running	82,662½	4,966½	23	87,652								
Total Miles run by Engines	2,402,905¾	143,802¼	34,887½	2,581,595½	22,214 9	19·9524	10,706 7	9·6162	32,920 16	29·5686	32,282 8 10	3·1067

(Eastern Counties Railway, *Forty-six Half-yearly Meeting*, 25th August, 1859, p.9.)

図表9－11　車輌増減表　1859年

RETURN OF ROLLING STOCK, for Half-Year ending June 30th, 1859.

	Engines.			COACHING.										MERCHANDISE.						
	Passengers	Goods.	Totals.	Saloons.	1st Class & Composite.	Mails.	2nd Class.	Mixed Class with Breaks.	3rd Class and Open Excursion.	HorseBoxes	Carriage Trucks.	Passenger Luggage Vans.	Totals.	Milk, Bread, Stores and Gunpowder.	Goods.	Sheep and Cattle.	Timber, Coke, Coal, and Ballast.	Lime.	Goods Breaks	Totals.
Total Stock Half-year ending December 31st, 1858	139	137	276	3	330	6	194	10	255	110	101	97	1,106	8	3924	1056	1065	22	90	6,165
Additional Stock put upon the Line during the present Half-year	4	2	6		41		21						62						10	10
Total	143	139	282	3	371	6	215	10	255	110	101	97	1,168	8	3924	1056	1065	22	100	6,175

(Eastern Counties Railway, *Forty-six Half-yearly Meeting*, 25th August, 1859, p.9.)

図表9－12　収益勘定A－線区ごとの運行費その他を差引いた総収入－1859年

REVENUE ACCOUNT A.—Statement of the Gross Traffic Receipts (less Working Expenses, &c.) for the purpose of division between the Eastern Counties, Eastern Union, and Norfolk Companies, for the Half-year ending June 30th, 1859.

	£ s. d.	£ s. d.
To Working Expenses, payable to Eastern Counties Railway Company, viz.:—46 per cent. on the Gross Receipts £646,616 7s. 8d.	....	297,443 10 9
To Great Northern Railway Company, amount payable to them as per agreement	....	8,400 0 0
To East Anglian Railway Company, amount of their Gross Receipts as per contra	24,459 11 9	
Less Working Expenses under Agreement	11,654 19 11	
Add	12,804 11 10	
Allowance for Management	500 0 0	13,304 11 10
To Newmarket Line Purchase—		
Half-year's Interest on £210,000, Newmarket Stock paid off	5,247 7 6	
Do. on £116,666 Newmarket Company's Bond Debt	2,624 19 8	7,872 7 2
To Newmarket and Bury Railway Company— Half-year's Interest on £142,425 Newmarket & Bury Stock, at 5 per cent. per annum	....	3,560 12 6
To Harwich Line Lease—Interest	....	4,000 0 0
To Eastern Union Railway Company—Interest on £175,000, Woodbridge Line Expenditure, at 4 per cent. from 1st June	....	575 6 10
To Blackwall Railway Company, Half-year's Rent of Fenchurch Street Station	....	1,250 0 0
To Lowestoft Improvement Commissioners—Proportion of Costs of Sewering and Levelling Denmark Road, Lowestoft	....	71 8 7
To Compensation for Injuries to Passengers, and Costs incident thereto	....	12,946 19 1
To New Works under Amalgamation agreement— On account of Interest on Cost of Sundry New Works completed under Amalgamation agreement—say	....	8,000 0 0
		357,424 16 9
To Balance applicable for division—		
Eastern Counties Railway Company 5-7ths	206,565 7 11	
Norfolk Railway Company 1-7th	41,313 1 6	
Eastern Union Railway Company 1-7th	41,313 1 6	289,191 10 11
	£	646,616 7 8

	£ s. d.	£ s. d.
By Receipts, Eastern Counties, Norfolk, Eastern Union, Lines and Branches:—		
Passengers	256,434 15 9	
Parcels, Horses, Carriages, Dogs, &c.	21,311 12 11	
Goods, including Coal and Cartage	268,334 9 6	
Cattle	48,400 18 3	
Season Tickets	8,525 18 0	
Mails	10,357 11 3	
	613,365 5 8	
Amount receivable from the London and North Western and Midland Companies, for joint use of Peterborough Station	3,356 6 7	
Rent of Arches at Bishopsgate, Refreshment Rooms, Book Stalls, &c.	1,743 11 4	
Pier Dues at North Woolwich	8 13 10	
Lowestoft Harbour Dues	3,640 10 11	
Reedham Ferry	42 7 7	
		622,156 15 11
By Receipts, East Anglian Line—		
Passengers	9,350 17 7	
Parcels, Horses, &c.	648 9 2	
Goods, Cattle, &c.	14,375 11 0	
Mails	84 14 0	
		24,459 11 9
		£646,616 7 8

(Eastern Counties Railway, *Forty-six Half-yearly Meeting*, 25th August, 1859, p.10.)

ポンド5シリング4ペンスが掲記されている。中段はLondon and North Western鉄道とMidland鉄道からの収入とリース料収入が示され，下段にはEast Anglian線の収入が旅客，貨物別に表示され，すべての合計64万6,616ポンド7シリング8ペンスが掲記されている。また，借方に表示された差額の20万6,565ポンド7シリング11ペンスは，収益勘定Bの借方に転記されている。

⑤収益勘定B（Revenue Account B），一般収益勘定（General Revenue Account）

収益勘定B（図表9－13）では，貸方に収益勘定Aから転記された金額に，リース料収入やホテルの収入が加算され，貸方合計額50万8,795ポンド3シリング9ペンスが表示されている。借方は，機関車費（Locomotive Expenses）10万1,319ポンド9シリング9ペンス，路線と設備の維持費（Maintenance of Way and Works）4万5,709ポンド2シリング10ペンス，旅客運行費（Coaching Traffic Charge）4万2,536ポンド10シリング10ペンス，貨物運行費（Goods Traffic Charge）6万2,431ポンド5シリング5ペンス，その他の費用（Miscellaneous Charge）1万1,913ポンド5シリング5ペンス，一般費（General Charge）7,070ポンド12シリング5ペンス，法務費（Legal Expenses）3,016ポンド18シリング10ペンスが費用計上されている。次に，税金等（Rates and Tax）1万4,738ポンド17シリング10ペンスなどが加算され，借方合計29万7,724ポンド12シリング7ペンスが計算され，貸方との差額21万1,070ポンド11シリング2ペンスは，借入金支払利子（Interest on Guarantees and Loans）14万15ポンド2シリング11ペンスを差し引かれ，7万1,055ポンド8シリング3ペンスが一般収益勘定（図表9－13）の貸方に転記されている。

一般収益勘定は，利益処分計算書に近いもので，貸方に前期繰越利益から当期の配当支払額を引いて，収益勘定Bから移記された7万1,055ポンド8シリング3ペンスを加えている。借方は，路盤の更新に対する引当金（Permanent Way Renewal Account）8,000ポンドが提示され，差額の6万6,574ポンド9シリング9ペンスは，一般貸借対照表（図表9－21）の借方に移記されている。

このように，収益勘定を詳細に開示するのは，過去にG. Hudsonのスキャンダルで，高配当を支えるため収益勘定において，収入の過大表示と費用の過

図表9－13　収益勘定B-収支計算書-一般収益勘定1859年

REVENUE ACCOUNT B.—Statement of Receipts and Expenditure on Revenue Account, for the Half-Year ending 30th June, 1859.

	£ s. d.	£ s. d.	AVERAGE Per Train Mile, 30th June, 1859. Passengers and Goods, 2,320,243	AVERAGE Per Train Mile, 30th June, 1858. Passengers and Goods, 2,224,216
To Working and General Expenses, (all Lines, including the East Suffolk Lines), viz:—			d.	d.
To Locomotive Expenses— As per Abstract A	101,319 9 9	....	10·4799	10·5682
To Maintenance of Way and Works— As per Abstract B	45,709 2 10	....	4·7284	5·6898
To Coaching Traffic charges— As per Abstract C	42,536 10 10	....	4·3999	4·4384
To Goods Traffic charges— As per Abstract D	62,431 5 5	....	6·4577	6·2827
To Miscellaneous charges— As per Abstract E	11,913 5 5	....	1·2323	1·1316
To General charges— As per Abstract F	7,070 12 5	....	·7314	·7962
To Legal Expenses	3,016 18 10	....	·3120	·2447
		273,997 5 6	28·3416	29·1516
To Rates and Taxes	....	14,738 17 10	1·5245	1·6435
To Government Duty	....	10,720 6 3	1·1088	1·1053
		299,456 9 7	30·9749	31·9004
Less Working Expenses chargeable to East Suffolk Company	....	1,731 17 0		
		297,724 12 7		
To Balance carried down	....	211,070 11 2		
		£508,795 3 9		
To Interest on Guarantees and Loans— As per Abstract G	....	140,015 2 11		
To Balance carried to General Revenue Acct.	....	71,055 8 3		
		£211,070 11 2		

	£ s. d.
By 5-7ths of the Gross Receipts— (less Working Expenses of all Lines), as per Revenue Account A.	206,565 7 11
Amount to credit for Working Expenses, As per Revenue Account A.	297,443 10 9
Rent of Surplus Property, Sack Hire, &c.	4,164 0 8
Blossom's Inn Bookings	373 18 4
Ballasting Vessels at Lowestoft	248 6 1
£	508,795 3 9
By Balance brought down £	211,070 11 2
£	211,070 11 2

GENERAL REVENUE ACCOUNT, 30th JUNE, 1859.

	£ s. d.
To Deferred Permanent Way Renewal Account, as per Statement	8,000 0 0
„ Balance carried down	66,574 9 9
	£74,574 9 9

	£ s. d.	£ s. d.
By Balance for Dividend 31st Dec., 1858	98,315 5 0	
Less		
„ Dividend at 6s. 6d. per Share on £5,833,610 12s. Stock	94,796 3 6	3,519 1 6
„ Balance for Dividend 30th June 1859, as per Revenue Account B.	......	71,055 8 3
		£74,574 9 9
By Balance brought down	......	£66,574 9 9

(Eastern Counties Railway, *Forty-six Half-yearly Meeting*, 25th August, 1859, p.11.)

図表9－14 附属明細表A－機関車費

ABSTRACT A.—Statement of Locomotive Expenses, 30th June, 1859.

		Cost.	Average per Train Mile, 30th June, 1859. 2,493,943½ Miles.	Average per Train Mile, 30th June, 1858. 2,402,263½ Miles
	£ s. d.	£ s. d.	d.	d.
Working Engines—				
Coke	26,102 3 11	......	2·5119	2·9010
Coals	6,180 4 11	......	·5948	·3228
Enginemen and Firemen's Wages	15,721 1 10	......	1·5128	1·4700
Oil, Tallow, Waste, &c.	5,791 7 7	......	·5573	·5031
Labourers, Cleaners, &c.	6,371 9 10	......	·6132	·6017
Water	1,748 17 7	......	·1683	·1693
Repairing Engines—		61,915 5 8	5·9583	5·9679
Wages and Materials	......	29,196 1 8	2·8096	2·8356
Repairing Carriages and Waggons				
Wages and Materials	......	16,940 6 4	1·6302	1·7385
Salaries to Superintendents and Clerks ...	......	688 17 8	·0663	·0681
		108,740 11 4	10·4644	10·6101
Less.				
Chargeable to Lessees of Tilbury Line, and Waveney, &c. Companies	......	7,421 1 7		
		£ 101,319 9 9		

Note.—The above $\overset{d.}{10·4644}$ is the average expense per Train Mile without distinction of Passenger and Goods Trains, but as the working of Goods Trains is estimated to cost 2*d.* per Mile more than Passenger Trains, the comparative cost per Mile is—
For Passenger Trains $\overset{d.}{9·6109}$ Goods Trains $\overset{d.}{11·6109}$.

(Eastern Counties Railway, *Forty-six Half-yearly Meeting*, 25th August, 1859, p.12.)

少計上が問題となったため，配当源泉を明確にして，低配当率の根拠を示そうとする重役会の意図があったためである。以下⑥から⑫の諸表は，すべて収益勘定Bの費用項目の附属明細表である。

⑥附属明細表A－機関車費（Abstract A-Statement of Locomotive Expenses）

収益勘定Bの附属明細表A（図表9－14）は，機関車費の詳細について，石炭の使用量や機関車に関する人件費などを表示し，収益勘定Bの機関車費10万1,319ポンド9シリング9ペンスを明示している。

⑦附属明細表B－路線，設備，駅舎の維持・更新費（Abstract B-Maintenance and Renewals of Way and Works, Stations, & c.）

収益勘定Bの附属明細表B（図表9－15）は，線区ごとに，路線や設備の維

図表9－15　附属明細表B－路線，設備，駅舎の維持・更新費

ABSTRACT B.—MAINTENANCE & RENEWALS OF WAY & WORKS, STATIONS, &c., 30th June, 1859.

	Eastern Counties.	Norfolk.	Eastern Union.	Harwich.	East Anglian.	Hitchin.	Newmarket and Bury.	East Suffolk.	Total.
	£ s. d.	£ s. d.	£ s. d.	£ s. d.	£ s. d.	£ s. d.	£ s. d.	£ s. d.	£ s. d.
Maintenance, Repairs, and Renewals of Permanent Way, Fencing, &c.	18,431 14 10	4,254 6 0	4,782 9 4	294 5 7	1,606 5 6	259 2 4	500 9 2	155 11 0	30,284 3 9
Repairs, Alterations, and Renewals of Stations, Sidings, and Approaches ...	6,067 15 7	958 0 0	765 3 4	24 19 1	262 5 4	176 6 2	196 6 0	6 17 10	8,457 13 4
Repairs and Renewals of Bridges and other Works ...	5,092 16 8	191 14 6	119 12 1	5 7 10	384 14 2	......	10 15 1	......	5,805 0 4
Signals, Turntables Weigh Bridges, Water Cranes, &c.	1402 3 9	112 12 9	89 10 11	5 7 0	31 5 2	3 2 7	12 10 9	4 8 7	1,661 1 6
	30,994 10 10	5,516 13 3	5,156 15 8	329 19 6	2,284 10 2	438 11 1	720 1 0	166 17 5	46,207 18 11
								Less Value of Old Materials	498 16 1
									£45,709 2 10

DEFERRED PERMANENT WAY RENEWAL ACCOUNT, 30th June, 1859.

	£ s. d.		£ s. d.
To Balance 31st December, 1858....................	58,655 9 5	By General Revenue Account, as per Statement	8,000 0 0
		,, Balance carried down	50,655 9 5
	£58,655 9 5		58,655 9 5
To Balance brought down..............................	50,655 9 5		

(Eastern Counties Railway, *Forty-six Half-yearly Meeting*, 25th August, 1859, p.12.)

持や修繕及び更新のための費用や人件費が明示され，収益勘定Bの路線や設備の維持費4万5,709ポンド2シリング10ペンスの詳細を示している。また，路盤の更新引当金の増減に関する表も付記されている。

⑧附属明細表C－旅客運行費（Abstract C － Coaching Traffic Charges）

附属明細表Cの旅客運行費（図表9－16）は，旅客部門長や書記（Superintended and Clerk）の給料やその他の人件費，事務所費などが詳細に計上されている。

⑨附属明細表D－貨物運行費（Abstract D － Goods Traffic Charges）

附属明細表Dの貨物運行費（図表9－17）は，貨物部門の管理者や書記とその他の人件費，事務所費と貨車の修繕費等が詳細に記載されている。

図表9－16　附属明細表C－旅客運行費

ABSTRACT C.—Coaching Traffic Charges, 30th June, 1859.

	Cost. £	s.	d.	Average per Train Mile June 30th, 1859. Miles 2,320,243. d.	Average per Train Mile, June 30th, 1858. Miles 2,224,216. d.
Superintendent's and Clerks' Salaries, Office Expenses, &c.	1,094	6	11	·1132	·1152
Salaries of Station Masters & Booking Clerks, and Wages of Porters, Guards, Ticket Collectors, Carriage Cleaners, &c.	13,483	3	9	1·9119	1·9686
Wages of Police, Point, Signal, and Gatemen	9,859	19	5	1·0199	1·0160
Stores, Clothing, &c.	5,705	4	8	·5901	·5907
Stationery, Printing, Advertising, and Tickets	2,052	18	6	·2123	·1948
Coal to Stations	339	17	11	·0352	·0957
Great Northern Company—Proportion of Expenses, Hitchin Station	150	0	0	·0155	·0162
Miscellaneous Expenses, including Compensation and Losses	719	9	0	·0744	·0685
Working and Repairing Electric Telegraph	1,339	9	3	·1386	·1302
Repairing Lamps	907	19	8	·0938	·0860
Shunting Carriages at Stations—Horse Power	602	6	10	·0624	·0636
Working and Repairing Woolwich Ferry Boats	1,156	14	11	·1197	·0929
Proportion of Allowance to Haddiscoe and Halesworth Omnibus	125	0	0	·0129	
£	42,536	10	10	4·3999	4·4384

(Eastern Counties Railway, *Forty-six Half-yearly Meeting*, 25th August, 1859, p.13.)

図表9－17　附属明細表D－貨物運行費

ABSTRACT D.—Goods Traffic Charges, 30th June, 1859.

	£	s.	d.	d.	d.
Superintendent's and Clerks' Salaries, Office Expenses, &c.	1,157	12	3	·1197	·1145
Salaries of Station Clerks, and Wages to Porters, Guards, &c.	33,349	5	5	3·4496	3·3168
Stores, Clothing, &c.	1,677	6	8	·1735	·1876
Tarpaulings, &c., including £1,500 to Renewal Fund of Sacks & Sheets	2,416	12	3	·2500	·2497
Stationery, Printing, Advertising, &c.	1,293	14	2	·1338	·1409
Expenses of Horses and Carts for Collection and Delivery of Goods, Parcels, &c., including £1,001 13s. 5d. to Renewal Fund	10,940	8	5	1·1321	1·1245
Disbursements at Stations and other Miscellaneous Expenses	310	5	1	·0320	·0472
Compensation for Losses	1,165	12	5	·1205	·1942
Great Northern Company for handling Goods at Hitchin Station	157	1	10	·0162	·0131
Working and Repairing Hoists at Brick Lane and Romford	939	7	0	·0972	·1533
Shunting at Country Stations by Horse power	3,029	4	3	·3133	·3183
Repairing Lamps	46	16	5	·0048	·0033
	56,483	6	2	5·8427	5·8634
Shunting Trucks at Brick Lane and other Stations by Engine power	5,947	19	3	·6150	·4193
£	62,431	5	5	6·4577	6·2827

(Eastern Counties Railway, *Forty-six Half-yearly Meeting*, 25th August, 1859, p.13.)

⑩附属明細表Ｅ－雑費（Abstract E － Miscellaneous Charges）

附属明細表Ｅの雑費（図表9－18）は，North London 鉄道関連費，クリアリングハウスの費用と保険その他（Railway Clearing House Expenses, Insurance, & c.）などの費用が集計されている。

図表9－18　附属明細表E－雑費

ABSTRACT E.—Miscellaneous Charges, 30th June, 1859.

North London Railway Co.—Amount of their Claim for Working Hackney Wick Branch	819	7	2	·0848	·0679
Gas at Stations	3,439	6	0	·3557	·3775
Railway Clearing House Expenses, Insurance, &c., &c.	2,908	3	5	·3008	·3520
Stowmarket Navigation—Loss on Working	95	6	4	·0099	·0119
Lowestoft Harbour Expenses	3,651	2	6	·3778	·0226
Mutford Lock Account—On further account of outlay for work at Mutford Lock, and Costs	1,000	0	0	·1033	·2997
£	11,913	5	5	1·2323	1·1316

(Eastern Counties Railway, *Forty-six Half-yearly Meeting*, 25th August, 1859, p.14.)

図表9－19　附属明細表F－一般費

ABSTRACT F.—General Charges, 30th June, 1859.

Remuneration to Directors				1,600	0	0	·1551	·1618
Remuneration to Auditors and Professional Accountants				205	0	0	·0212	·0221
Northern and Eastern Railway Co.—Half-year's Allowance under Act				500	0	0	·0517	·0539
Norfolk Railway Company.—Allowance for Office Accommodation...				25	0	0	·0026	·0033
Office Expenses—								
Secretary's Department and Central Offices	£1,771	2	8					
Audit do.	2,411	19	3					
Incidental Expenses, Postages, Stamps, &c.	408	14	5					
Loss on Light Gold, and Commission on Country Cheques	57	11	4					
Stationery, Account Books, &c., and Advertising...	383	17	3					
				5,033	4	11	·5206	·5818
£				7,263	4	11	·7512	·8229
Less Transfer Fees				192	12	6	·0198	·0267
£				7,070	12	5	·7314	·7962

(Eastern Counties Railway, *Forty-six Half-yearly Meeting*, 25th August, 1859, p.14.)

⑪附属明細表F－一般費（Abstract F－General Charge）

附属明細表Fの一般費（図表9－19）は，重役や監査人，会計士（Director, Auditor, Accountant）の報酬（Remuneration）や一般事務所費などが計上されている。

⑫附属明細表G－社債権者と優先株主に対する利子支払（Abstract G-Statement of Interest Payable to Mortgage-holder, and Preferential Shareholder）

附属明細表G－社債権者と優先株主に対する利子支払（図表9－20）は，優先株に対する配当支払額と利子率別の社債に対する利子支払額が計上されてい

図表9－20 附属明細表G-社債権者と優先株主に対する利子支払

ABSTRACT G.—STATEMENT of Interest Payable to Mortgage-holders, and Preferential Shareholders, 30th June, 1859.

	Principal.	Interest.	
	£ s. d.	£. s. d.	£. s. d.
Northern and Eastern—Guaranteed Stock—			
On 18,216 Shares of £50 each, at 5 per cent....	910,800 0 0	22,770 0 0	
5,392 „ £50 „ at 6 per cent.	269,600 0 0	8,088 0 0	
Total...£1,180,400 0 0			30,858 0 0
Eastern Counties—			
Preferential Shares.—Extension Stock, No. 1. at 5 per cent....	958,180 0 0	23,954 10 0	
Ditto ditto No. 2, at 5 per cent....	959,014 0 0	23,975 7 0	
Six per Cent. Stock	618,317 10 0	18,549 10 6	
York Extensions converted, at 5 per cent.	2,845 0 0	71 2 6	
Debenture Stock at 4 per cent.	36,615 0 0	721 13 0	
Total...£2,574,971 10s.			
Loans ....Mortgages at 3½ per cent.	100,500 0 0*		
Ditto 3¾ per cent.	243,000 0 0*		
Ditto 4 per cent.	700,925 0 0*		
Ditto 4¼ per cent.	67,000 0 0*	61,654 19 5	
Ditto 4½ per cent.	297,120 0 0*		
Ditto 4¾ per cent.	223,960 0 0*		
Ditto 5 per cent.	1,112,210 0 0*		
Total...... £2,744,715 0s.			
		128,927 2 5	
Less.			
Half-year's Interest on Newmarket Line Purchase Bonds, as per Revenue Account A.	7,872 7 2		
Interest on New Works, under Amalgamation Agreement, as per Revenue Account A.	8,000 0 0		
Interest on Cost of Cartage Stock, included in Cartage Expenses	376 13 7		
Balance of Interest account, including interest on Deposit Account	3,520 18 9		
		19,769 19 6	
			109,157 2 11
NOTE.—The above Items marked thus * represent the amount outstanding at 30th June, 1859, the Interest charge not being an exact Half-year thereon.			£ 140,015 2 11

STATEMENT OF MORTGAGE DEBT, 30th June, 1859.

Rate per Cent.	Debt at Dec. 31st, 1858.	Increase during the half-year.	Total.	Decrease during the half-year.	Debt at 30th June, 1859.
	£ s.	£ s.	£ s.	£ s.	£ s.
5	1,202,435 0	30,400 0	1,232,835 0	120,605 0	1,112,210 0
4¾	385,460 0	6,000 0	391,460 0	167,500 0	223,960 0
4½	502,763 5	41,960 0	544,723 5	247,603 5	297,120 0
4¼	63,500 0	3,500 0	67,000 0	......	67,000 0
4	521,375 0	181,050 0	702,425 0	1,500 0	700,925 0
3¾	10,000 0	233,000 0	243,000 0	......	243,000 0
3½	100,000 0	500 0	100,500 0	......	100,500 0
	2,785,533 5	496,410 0	3,281,943 5	537,228 5	*2,744,715 0

* Exclusive of £126,150 remaining due by the Eastern Union Railway Company on the advance to them of £200,000 Mortgages on security of their Four per cent. Stock.

ACCOUNT OF SHARE CAPITAL on the 30th June, 1859.

	Amount Registered.	Amount Unregistered.	Amount Un-issued.	Total.	Amount in Arrear.	Amount for Dividend
	£ s. d.	£ s. d.	£	£ s. d.	£ s. d.	£ s. d.
Ordinary Stock	5,811,520 0 0	31,780 0 0	7,870	5,851,170 0 0	17,499 8 0	5,833,670 12 0
Converted York Extension	....	2,845 0 0	......	2,845 0 0	....	2,845 0 0
Northern and Eastern .	1,180,400 0 0	....	......	1,180,400 0 0	....	1,180,400 0 0
Extension Stock, No. 1	958,180 0 0	1,820 0 0	......	960,000 0 0	1,820 0 0	958,180 0 0
Extension Stock, No. 2	957,823 6 8	2,176 13 4	......	960,000 0 0	986 0 0	959,014 0 0
Six per Cent. Stock ...	615,150 0 0	26,667 0 0	......	641,817 0 0	23,499 10 0	618,317 10 0
Total Share Capital...£	9,523,073 6 8	65,288 13 4	7,870	9,596,232 0 0*	43,804 18 0	9,552,427 2 0

NOTE.—4 per cent. Debenture Stock issued in lieu of Mortgage Debt £36,615.

* Being in accordance with the Company's powers as defined by their Capital Bill of 1856.

(Eastern Counties Railway, *Forty-six Half-yearly Meeting*, 25th August, 1859, p.14.)

る。なお，附属明細表Gには，利率別の社債金額表と種類別株式の金額表が付記されている。

⑬一般貸借対照表（General Balance Sheet）

一般貸借対照表（図表9 − 21）は，借方に流動負債，貸方に流動資産を掲記しているが，最も重要な点は，すべての勘定残高の一覧表になっていることである。借方には資本勘定から移記された残高18万7,298ポンド18シリング10ペンスが掲記されている。これは運転資本であり，資産の源泉として表示している。この運転資本と流動負債を資金の源泉として，列車の運行のための流動資産に充当して，収益を獲得し，これを借方の一般収益勘定残高6万6,574ポンド9シリング9ペンスを配当可能資源として表示している。

⑭監査報告書（Auditors' Report）

株主向けに年次報告書に記載された監査報告書（図表9 − 22）には，鉄道の営業収入の増加と運行費用の増加が報告されている。また，機関車部門長や路盤部門長（Locomotive and Permanent Way Superintendent）の報告を受けて，これらが良好な状態にあることを確認したとの報告がなされている。さらに，社債の増減についての報告があり，最後に監査人であるJ. ReevesとH. Soperの署名がなされている。このように配当可能利益に関する事項と財産の保全に関する事項の報告が一般的であった。

⑮主任技師報告書（Engineer's Report）

重役会に提出された主任技師の報告書（図表9 − 23）が公開されている。これには，主任技師による幹線及び支線の路盤，設備，駅舎の維持と更新に関わる今期の費用額が報告されている。また，9マイルの単線に対する線路の再敷設（repaid）と路盤の補修に関わる事項と，橋梁（Bridges）の更新に対して更新勘定から支出したことが報告されている。最後に主任技師のR. Sinclairの署名がなされている。また，機関車部門長でもある同氏からの報告書（Report of the Locomotive Superintendent）が付記されている。

図表９－21　一般貸借対照表

General Balance Sheet, 30th June, 1859.

	£	s.	d.	£	s.	d.
To Sundry Creditors, viz.:—						
Dividend on Shares and Interest for Guaranteed Stocks unpaid and reserved	59,108	0	7			
Bondholders' Interest do. do.	42,100	15	5			
Northern and Eastern and other Companies Guaranteed Interest, &c.	66,111	10	1			
Railway Clearing House	8	3	10			
				167,328	9	11
To Sundry Persons—for Materials, Stores, Rents, &c.	....			98,521	3	9
To Renewal Fund—Cartage	....			2,138	5	9
To ditto **—Sacks and Sheets**	....			1,503	6	5
To Capital Account— Balance of Receipts and Expenditure as per Statement	....			187,293	18	10
To Eastern Union, Norfolk, and East Anglian, &c., Railways— Balance on Traffic Account	....			28,669	17	6
To General Revenue Account— Balance as per Statement	....			66,574	9	9
			£	552,029	11	11

	£	s.	d.	£	s.	d.	£	s.	d.
By Cash, &c., at Bankers				....			172,209	2	2
By sundry Balances—									
Railway and other Companies				30,574	5	9			
Post Master General				5,206	12	9			
Station and Ledger Balances Traffic				42,561	3	8			
Sundry Persons for Land and other purchases				22,915	1	8			
							101,257	3	10
By Purchase of Lease, Blossoms Inn— Balance of this Account				....			8,572	8	9
By Mutford Lock Account— Balance of this Account				....			756	5	1
By Deferred Permanent Way Renewal Acct.— Balance of this Account as per statement				....			50,655	9	5
By Norfolk Railway Co. New Works Account—									
Receivable from the Norfolk Company in settlement to 31st December, 1855				50,000	0	0			
Total outlay on Coke Ovens at Lowestoft				21,994	15	4			
Balance remaining to be adjusted				4,411	5	7			
							76,406	0	11
By New Works Account, Norfolk & E. U. Lines— Outlay for sundry New Works on these Lines				....			10,943	5	2
By Stores on hand, viz:—									
Balance 31st Dec., 1858				147,714	1	0			
Purchases from 1st January to 30th June, 1859				91,262	5	0			
				238,976	6	0			
Less									
Issued to—									
Locomotive Department	57,484	2	7						
Way & Works Department	13,177	13	7						
Coaching, Goods, &c. do.	21,671	12	8						
Old Materials sold	15,413	0	7						
				107,746	9	5			
							*131,229	16	7
*Locomotive Stores	38,538	14	1						
Permanent Way ditto	55,991	17	3			£	552,029	11	11
General Stores at Stratford, Stationery, &c.	32,913	5	0						
Other Stores	3,786	0	3						
	£131,229	16	7						

Examined and found correct, JAMES REEVES, HENRY SOPER, } Auditors.

QUILTER, BALL, JAY & CO., Accountants.

(Eastern Counties Railway, *Forty-six Half-yearly Meeting*, 25th August, 1859, p.15.)

図表9－22 監査報告書

AUDITORS' REPORT.

TO THE SHAREHOLDERS OF THE EASTERN COUNTIES RAILWAY COMPANY.

The accompanying accounts, as submitted to us by your Directors, have been strictly and carefully examined.

We find them correct, being in accordance with the vouchers and books of the Company.

On comparing the accounts with the corresponding half-year of 1858, we find an increase in the traffic of £6,112 0s. 3d., and an increase in the working expenses of £2,085 4s. 10d.

Mr. SINCLAIR, the Locomotive and Permanent Way Superintendent, assures us that the Rolling Stock is in a perfectly efficient state, and, in fact, in a better condition than at the commencement of the half-year; and also that the Permanent Way and Works are in a satisfactory state.

The new Rolling Stock, charged to the Capital Account at £31,000, is duly represented by an addition to the number of vehicles, as per tabular statement, folio 9.

The Deferred Permanent Way Renewal Account has been further reduced by a sum of £8,000, leaving due by that account £50,665 9s. 5d.

The Statement of the Mortgage Debt shows that a reduction has been effected of £10,818 5s., by means of Bonds paid off; and also that a considerable amount of Debt has been renewed at lower rates of Interest.

JAMES REEVES, } AUDITORS.
HENRY SOPER, }

Bishopsgate, 19th August, 1859.

(Eastern Counties Railway, *Forty-six Half-yearly Meeting*, 25th August, 1859, p.16.)

図表9－23　主任技師報告書

Engineer's Report.

Stratford, 15th August, 1859.

TO THE CHAIRMAN AND DIRECTORS OF THE EASTERN COUNTIES RAILWAY COMPANY.

Gentlemen,—The Accounts for the half-year to 30th June, show an expenditure of £46,159 15s. 3d. for the maintenance and renewals of the Permanent Way, Works, and Stations of the associated Lines, and Wells and Fakenham Railway, as well as for the maintenance of the East Suffolk Railway, since the 1st June. This is at the rate of £160 11s. 0d. a mile for a year.

Nine miles of Single Line have been relaid, and in the general repair of the road the following are the principal materials that have been employed:—

37,219 Sleepers.
1,322 Tons of Rails.
409 Tons of Chairs.
343,694 Keys.

The expenditure on account of renewals has been less heavy than for some years past, the renewal of 10 Bridges, and the thorough repair of 26 having been sufficient for the requirement of the half-year.

The Line and Works generally continue to be in excellent working order.

I am, Gentlemen,

Your most obedient Servant,

ROBERT SINCLAIR.

Report of the Locomotive Superintendent.

Stratford, August 15th, 1859.

TO THE CHAIRMAN AND DIRECTORS OF THE EASTERN COUNTIES RAILWAY COMPANY.

Gentlemen,—I beg leave to submit to you the Accounts of the Locomotive, Carriage, and Waggon Department, for the half-year ending 30th June, 1859, contrasted with the Accounts for the corresponding half-year of 1858.

The repairs made on the Plant during the half-year have been very heavy, the principal items of expenditure under this head having been for—

104 Engines thoroughly repaired, of which 8 have been entirely rebuilt; 44 have had new Brass Tubes; 14 have had new Copper Fireboxes; 56 have been repainted.

(Eastern Counties Railway, *Forty-six Half-yearly Meeting*, 25th August, 1859, p.17.)

次に，1862年に上記Eastern Counties鉄道を中心として，当該鉄道の近隣鉄道であるEastern Union鉄道，Norfolk鉄道，East Anglia鉄道との合併によって成立したGreat Eastern鉄道の公表財務諸表を検討する。この合併を積極的に推進したのは，Eastern Counties鉄道の主任技師であったP. Bidderである。当時の鉄道では，主任技師が，General Managerを兼務する場合があり，P. Bidderは，この地域の鉄道の経営効率を意識して，合併を推進した[381)]。当時のEast Anglia地方は農村地帯で，工業はあまり発達しておらず，貨物輸送は，農畜産物が多く，全体として，旅客輸送が中心であった[382)]。したがって，合併後のGreat Eastern鉄道は，なかなか収益が上がらず，1865年の上半期から1868年の上半期まで，無配当が続くことになる[383)]。さらに，Great Eastern鉄道の株主層は，配当を強く要求するManchesterを中心とする資本化集団と，経営の安定を志向する地元のジェントリーに二分しており[384)]，両者の力関係は拮抗していたため，これを調整するために，Eastern Counties鉄道で採用していた複会計制度による財務諸表の公開が継承された。1867年上半期の年次報告書は，22ページからなり，その内容は，重役会報告，合併（1963年）以後の収支一覧，路線ごとの総マイル数，財務諸表，主任技師報告書，機関車部門長報告書，監査報告書で構成されている。公表されている財務諸表は，複会計制度によるもので，以下のようなものである。

① 資本勘定（Statement of Capital Account）
② 資本的支出計算書（Statement of Capital Outlay）
③ 収益勘定収支計算書（Statement of Receipts and Expenditures on Revenue Account）
④ 純収益勘定（Net Revenue Account）
⑤ 附属明細表A－機関車費（Statement of Locomotive Expenses）

---

381) C. H. Grinling, *The History of Great Eastern Railway 1845-1895,* 1898, p.206.
382) *Great Eastern Railway, Report of Directors,* 1866, pp.3-8.
383) *Bradshaw's Railway Manual, Shareholders' Guide and Directory,* 1869, p.45.
384) T. R. Gourvish, *Mark Huish and the London and North Western Railway,* 1972, p.64.

⑥　附属明細表Ｂ－路線，設備，駅舎その他の維持・更新費（Maintenance & Renewals of Way & Works, Stations, &c.）

⑦　附属明細表Ｃ－旅客運行費（Coaching Traffic Charges）

⑧　附属明細表Ｄ－貨物運航費（Goods Traffic Charges）

⑨　附属明細表Ｅ－雑費（Miscellaneous Charges）

⑩　附属明細表Ｆ－一般費（General Charges）

⑪　附属明細表Ｇ－他社および他鉄道への支払（Payment to Railway & other Companies）

⑫　附属明細表Ｈ－担保付借入金と社債権者及びNewmarket and Bury鉄道株主，East Anglia鉄道株主に対する利子支払計算書（Statement of Interest Payable to Mortgage and Debenture Stock Holders, and Proprietors of Newmarket and Bury and East Anglia Stock）

⑬　附属明細表Ｉ－その他の利子勘定（Sundry Interest Account）

⑭　附属明細表Ｊ－利益配当保証株及び優先株の配当（Dividends on Guaranteed and Preference Shares）

⑮　担保付借入金及び社債計算書（Statement of Mortgages and Debenture Capital）

⑯　資本金計算書（Statement of Stock and Share Capital）

⑰　旅客，貨物及び先導機関車による運行マイル数とコークス及び石炭の消費量及びマイルあたり原価（Return, showing the Number of Miles run by Passenger, goods, and Pilot Engines, the Quantity of Coke and Coal Consumed, and the Cost per mile）

⑱　車輌増減表（Return of Rolling Stock）

⑲　一般貸借対照表（General Balance Sheet）

このうち主要な財務諸表は，資本勘定，収益勘定，純収益勘定，一般貸借対照表で，これは，いわゆる複会計制度である。

（1）資本勘定

1867年上半期のGreat Eastern鉄道の資本勘定（図表9－24）の特徴は，借方三桁，貸方三桁表示になっていて，前期までの金額に今期の変動額を加減して，合計額を表示する形式になっていることである。借方は上下二段に区分され，上段においては，幹線及び支線の資本的支出2,055万7,248ポンド12シリング9ペンスと追加車輌及び土地などが掲記されている。さらに蒸気船（Steam Boats）や議会費及び一般費，支払利子が表示されている。下段においては新線の購入や支線のリース料が掲記されている。これら資本的支出に関する項目については，資本的支出計算書によってその詳細が報告されている。貸方は，株式の払込や社債収入，受取利息などの資本的収入が表示されている。

（2）収益勘定

収益勘定（図表9－25）は，借方に鉄道営業のための支出（expenditure），貸方に鉄道営業による収入（receipts）を掲記して，収入と支出の差額を配当可能利益として純収益勘定（図表9－26）に移記するものである。借方の支出には，営業費及び一般費（Working and General Expenses）として，収益勘定附属明細表AからFに詳説される項目が表示されている。すなわち機関車費，路盤及び設備の維持費，旅客運行費，貨物運行費，その他の費用，一般費である。次に法務費（Legal Expenses）と租税公課（Government Duty），蒸気船その他の支出が掲記されている。貸方は，旅客輸送と貨物輸送による収入が表示され，双方から集配費（Expenses of Collection and Delivery）が控除されている。さらに，郵便や施設のリース料収入などが掲記され合計されている。収入と支出の差額は配当可能利益を示し，39万2,934ポンド1シリング4ペンスが純収益勘定に移記すべき残高（To Balance Carried to Net Revenue Account）として掲記されている。

図表9－24　資本勘定

STATEMENT OF CAPITAL ACCOUNT, 30th June, 1867.

LINE, PROPERTY, CAUSE OF OUTLAY, &c.	To 31st December 1866. £ s. d.	To 30th June, 1867. £ s. d.	TOTAL. £ s. d.
Amalgamated Lines, viz.:—			
Eastern Counties			
Eastern Union			
Norfolk			
East Anglian			
Newmarket and Bury	20,564,126 9 4	Cr. 6,877 16 7	20,557,248 12 9
East Suffolk			
Wells and Fakenham			
Lynn and Hunstanton Subscription			
Additional Working Stock	696,940 13 0	17,113 17 8	714,054 10 8
Do. Lands and Works	619,984 17 5	26,799 11 1	646,784 8 6
Steam Boats	178,598 4 4	2,432 0 0	181,030 4 4
Parliamentary and General Expenses	224,142 17 8	29,080 10 4	253,223 8 0
Interest	60,587 5 2	....	60,587 5 2
	22,344,380 6 11	68,548 2 6	22,412,928 9 5
New Lines and Subscriptions—			
Doubling Shelford and Shepreth Line	12,000 0 0	4,500 0 0	16,500 0 0
New Lines 1861	669,793 5 10	513 3 2	670,306 9 0
Epping Lines	191,436 6 5	807 16 0	192,244 2 5
Waveney Valley Purchase	100,783 1 9	....	100,783 1 9
Metropolitan Lines	429,206 6 5	217,650 7 6	646,856 13 11
Highbeech Line	6,928 12 11	....	6,928 12 11
Bishop's Stortford and Braintree Line	32,626 2 10	....	32,626 2 10
Do. Subscription	40,000 0 0	....	40,000 0 0
Holme and Ramsey Purchase	41,720 14 4	....	41,720 14 4
Ware, Hadham, &c. Subscription	39,000 0 0	....	39,000 0 0
Tottenham and Hampstead Subscription	87,005 0 0	16,295 0 0	103,300 0 0
West Norfolk do.	30,000 0 0	....	30,000 0 0
Mistley, Thorpe, and Walton do.	13,200 0 0	....	13,200 0 0
Tendring Hundred do.	28,000 0 0	....	28,000 0 0
East Norfolk do.	8,790 0 0	....	8,790 0 0
Ely, Haddenham, and Sutton do.	12 000 0 0	....	12,000 0 0
Wivenhoe and Brightlingsea do.	8,330 0 0	....	8,330 0 0
Saffron Walden do.	28,000 0 0	....	28,000 0 0
	24,123,199 17 5	308,314 9 2	24,431,514 6 7
To Balance brought down	£1,043,059 0 7		

NATURE OF RECEIPTS.	To 31st December, 1866. £ s. d.	To 30th June, 1867. £ s. d.	TOTAL. £ s. d.
By Stock and Shares	17,347,731 10 0	Cr. 6,336 13 8	17,341,394 16 4
,, Debentures and Debenture Stock	5,665,573 17 11	376,719 19 8	6,042,293 17 7
,, Interest	4,766 12 1	....	4,766 12 1
	23,018,072 0 0	370,383 6 0	23,388,455 6 0
By Balance carried down	....	....	1,043,059 0 7
			£24,431,514 6 7

(Great Eastern Railway Company, *Tenth Half-Yearly Meeting of the Proprietors of the Company*, 30th June, 1867, p.10.)

図表9－25　収益勘定

STATEMENT OF RECEIPTS AND EXPENDITURE ON REVENUE ACCOUNT, for the Half-year ending 30th June, 1867.

		£ s. d.	£ s. d.	Average per Train Mile, 30th June, 1867 Miles. 3,292,173. d.
To Working and General Expenses, viz.				
Locomotive Expenses as per Abstract A		145,257 17 4		10·5893
Maintenance of Way and Works „ B		80,535 9 4		5·8711
Coaching Traffic Charges „ „ C		67,222 14 2		4·9005
Goods „ „ „ D		97,354 17 7		7·0972
Miscellaneous Charges „ „ E		30,874 1 11		2·2522
General „ „ „ F		15,533 10 1		1·1324
Legal Expenses, including Law Clerk's Office		4,275 19 2		·3117
			441,054 9 7	32·1544
Rates and Taxes		....	22,757 18 11	1·6591
Government Duty		....	13,156 19 2	·9591
			476,969 7 8	34·7726
LESS— Amount chargeable to other Companies for working their Lines		....	7,605 15 0	
			469,363 12 8	
Continental Traffic—				
Total Receipts—Steam Boat and Rail		25,710 0 10		
LESS—				
Steam Boat and other Expenses, except Haulage over Railway, and Laborage in London	27,023 11 3			
Amount credited in Traffic Receipts as Railway proportion	8,391 5 5	35,414 16 8		
Amount chargeable against railway proportion		....	9,704 15 10	
Ipswich and Harwich Boats—				
Expenses		1,299 7 8		
Receipts		1,088 15 10		
			210 11 10	
To Balance Carried to Net Revenue Account		....	392,934 1 4	
			£872,213 1 8	

	£ s. d.	£ s. d.
By Receipts—		
Passengers	....	358,521 0 6
Parcels, Horses, Carriages, Dogs, &c.	29,702 14 4	
LESS— Expenses of Collection and Delivery	1,633 9 10	
		28,069 4 6
Goods, including Coal and Cartage	398,196 13 3	
LESS— Expenses of Collection and Delivery	17,905 11 5	
		380,291 1 10
Cattle	....	48,442 19 9
Season Tickets	....	18,367 18 9
Mails	....	10,553 10 7
Mileage and Demurrage	....	1,257 4 11
		845,503 0 10
Rent of Arches and other Properties,		
Refreshment Rooms, Book Stalls, &c	....	22,099 2 11
Pier Dues at North Woolwich	....	14 7 7
Lowestoft Harbour Dues	....	3,971 10 4
Electric Telegraph Company Way Leave for Continental Wires	....	100 0 0
Dividend on Lynn and Hunstanton, &c. Shares	....	525 0 0
	£	872,213 1 8

(Great Eastern Railway Company, *Tenth Half-Yearly Meeting of the Proprietors of the Company*, 30th June, 1867, p.12.)

図表9－26　純収益勘定

NET REVENUE ACCOUNT, 30th June, 1867.

	£ s. d.	£ s. d.		£ s. d.
To Payments to Northern and Eastern and other Companies, as per Abstract G	96,976 18 6		By Balance, 31st December, 1866	3 7 2
,, Interest on Mortgages and Debenture Stock, &c., as per Abstract H	148,281 12 10		,, Balance of Revenue Account, 30th June, 1867, as per Statement	392,934 1 4
,, Sundry Interest Account, as per Abstract I.	12,882 6 11			
,, Dividends for half-year on Guaranteed and Preference Shares, created before August, 1862, as per Abstract J	118,823 8 3			
,, Dividend on £1,122,600 of Stock created under Act of 1862, @ £2 15s. 0d. per cent. per annum	15,435 15 0	392,400 1 6		
By Balance carried down		537 7 0		
		392,937 8 6		£392,937 8 6
			By Balance brought down	537 7 0

(Great Eastern Railway Company, *Tenth Half-Yearly Meeting of the Proprietors of the Company*, 30th June, 1867, p.13.)

図表9－27　一般貸借対照表

GENERAL BALANCE SHEET, 30th June, 1867.

	£ s. d.	£ s. d.
To Sundry Creditors viz.:—		
Dividend on Shares and Interest on Guaranteed Stocks, unpaid and reserved	479,805 0 2	
Bondholders' Interest do. do.	77,997 4 5	
Northern and Eastern, London and Blackwall, and other Companies	85,615 4 10	
		643,417 9 5
,, Sinking Fund—Debenture Account		414 18 0
,, Sundry Persons—for Rolling Stock, Materials, Stores, Rents, &c.		359,982 13 3
,, Temporary Loans		429,167 6 5
,, Reserve for Bad Debts		2,426 0 6
,, Insurance Fund		3,000 0 0
,, Net Revenue Account—Balance as per statement		537 7 0
		£1,438,945 14 7

		£ s. d.	£ s. d.
By Cash at Bankers, &c.		....	72,606 2 5
,, Sundry Balances—			
Railway and other Companies		74,658 1 8	
Railway Clearing House		137 4 2	
Post Master General		5,290 9 10	
Station and Ledger Balances—Traffic		47,855 3 11	
Sundry Persons for Rents, Materials, &c.		30,593 3 6	
			153,534 3 1
,, Interest on Metropolitan Extensions Account		....	12,241 14 9
,, Capital Account—Balance of this Account as per Statement		....	1,043,059 0 7
,, Stores on hand, viz:—			
Balance on 31st December, 1866		174,092 9 7	
Purchases this half-year, including Coal, Coke, Permanent Way Materials, &c.		201,841 18 9	
		375,934 8 4	
LESS—Issued to			
Locomotive Department	112,553 14 5		
Way & Works ,,	53,349 9 1		
Coaching, Goods, &c.	38,326 7 7		
Continental Department	5,183 13 2		
Old Materials sold	14,016 10 4	223,429 14 7	
			*152,504 13 9
*Locomotive Stores	3,320 4 10		
Way and Works Stores	45,400 16 9		
General Stores at Stratford	103,783 12 2		
	£152 504 13 9		
			£1,438,945 14 7

Examined and found correct { HENRY SOPER, CHARLES MORGAN, } AUDITORS.
BROOM, SON, & HAYS, ACCOUNTANTS.

Bishopsgate Terminus, August 10th, 1867.

(Great Eastern Railway Company, *Tenth Half-Yearly Meeting of the Proprietors of the Company*, 30th June, 1867, p.15.)

（3）純収益勘定

純収益勘定は，貸方に前期未処分利益と今期の収益勘定から移記された残高を掲記し，借方にこれを源泉とした配当及び利子の支払を明記するものである。配当及び利子の支払については，純収益勘定附属明細書GからHに各項目の詳細が提示されている。残高の537ポンド7シリングは，一般貸借対照表の借方に移記されている。

（4）一般貸借対照表

一般貸借対照表（図表9－27）は，借方に流動負債項目残高として，社債に対する減債基金（Sinking Fund Debenture Account），短期借入金（Temporary Loans），貸倒引当金（Reserve for Bad Debts），保険基金（Insurance Fund），純収益勘定残高などが掲記されている。一方，貸方には現金勘定残高などが記載されている。運転資本である資本勘定残高は，資本勘定で支出が収入を上回っている他は一般貸借対照表の借方に転記されている。

Ⅲ　複会計制度の機能と構造

イギリスにおける鉄道会社は，建設に当たり，その莫大な資金需要を満たすため，当初から株式会社形態をとらざるを得なかった。株式が分散し，幅広い投資家層を持つ鉄道会社では，その広範な利害を調整するために財務諸表の公開が一般化した。1866年の経済恐慌を背景として金融資本擁護のために制定された1868年の鉄道規制法によって，鉄道会社は正確な財政状態（exact financial position）の表示を義務づけられた。その具体的例示として，第3条及び付表Ⅰにおいて財務諸表の様式が明示された。これがいわゆる複会計制度（double account system）と呼ばれるものである。

複会計制度による公表財務諸表の構造は，損益計算書である収益勘定を挟み，資本収支計算書である資本勘定と一般貸借対照表を柱とするものである。その源流は運河会計にあり，資本勘定の開示を端緒としている。イギリスの運河会社は鉄道会社同様，莫大な建設資金が必要で，株式会社形態をとるとともに議会での個別法制定によって法人格を獲得し，建設を開始した。建設を計画したプロモーターは，土木技師に依頼して，建設計画と建設原価の報告書を受け取り，これを議会に提出した。したがって，個別法に定める授権資本額は，この土木技師の報告書にある建設原価が基礎となっている。初期の運河会社に投資する動機は，多くの企業が燃料として使用する石炭の輸送と商品の輸送コストを引き下げるために，運河会社を建設することであった。J. R. Ward は，これを経済的動機を持つ人と規定した。一方，運河投資の動機が配当や利子の受取，株価の値上がりにある投資家を，財務的動機を持つ人と規定した[385)]。初期の運河会社は経済的動機を持つ投資家が中心であったが，運河マニアを通じて財務的動機を持つ投資家が重要性を増していった。

運河の建設が始まると，株主たちは，自分が投資した資金が運河建設に正当に充当されているかを検証できるよう要求した。また，運河は，建設に長期間を要し，営業を開始して利益を出し，配当を受け取るまでに時間がかかるため，株主は建設利息を要求した。これらの要求を満たすため運河会社は，資本の調達と運用に関する取引を報告する資本勘定を建設期間に公開した。このように建設が長期化する運河会社では，資本勘定が資本の調達と運用に関する唯一の証拠[386)]と考えられていた。また，運河会社のように議会の個別法によって認可される法定会社では，授権資本が規定されていて，これに基づいて調達された資本は，運河建設以外の目的に使用することは禁止されていた[387)]。したがって，運河経営者にとって，資本の調達と運用に関する記録を公表することは，株主から調達した資本の受託責任を明らかにするとともに，個別法の規制に対応するものであった。

運河が完成し運行が開始されると，資本勘定は公開されず，株主総会で開示される主要な財務諸表は，収益勘定であった。運河会社における収益勘定は，

---

385) J. R. Ward, *The Finance of Canal Building in Eighteenth-Century England,* 1974, p.28.

386) 村田直樹『近代イギリス会計史研究－運河・鉄道会計史－』晃洋書房，1995 年，59 ページ。

387) C. Hadfield, *The Canal of South and South East England,* 1970, pp.241-242.

現金基準によって営業活動からの収入と支出を記録して，配当可能利益を算定するものである。現金主義によって計算されていて，営業収支による現金残高を表示するもので，現代的な意味での損益計算書ではない。たとえば，Leeds and Liverpool 運河の 1784 年の収益勘定では，収入は地区別，輸送物別の通行料収入や受取地代など，支出は，修繕費と一般費などが掲記されている[388)]。運河会社における一般貸借対照表開示の過程は，資本勘定閉鎖後，収益勘定のみが公開されていたが，これでは，運河会社の財政状態が明確にならず，資本調達過程で，多額の短期的な負債を抱え，収益勘定において利益が計上されていても，その返済との関係で会社自体の存続基盤を脅かすような事態が発生し，株主がこれに関する会計情報の開示を要求した。運河会社はこれに対応するため，すべての勘定残高の一覧表を作成して，公開した。

このような運河会社の会計を継承し，整備して，全線開通後の 1830 年代に複会計制度による財務諸表を開示したのは，London and Birmingham 鉄道である。運河会社は完成にともなって，資本勘定が閉鎖され，公開されなくなるので，複会計制度の軸となる３つの財務諸表が同時に公開されるわけではない。しかし，鉄道会社は鉄道完成後も資本勘定が公開され，London and Birmingham 鉄道以外にも，Grand Junction 鉄道や Eastern Counties 鉄道など当時の主要鉄道において，複会計制度の中核をなす資本勘定，収益勘定，一般貸借対照表の開示が行われている。その後 1860 年代に入っても，London and Birmingham 鉄道，Grand Junction 鉄道，Manchester and Birmingham 鉄道の合併によって成立した London and North Western 鉄道や，Eastern Counties 鉄道とその周辺鉄道の合併によって成立した Great Eastern 鉄道で複会計制度による財務諸表の開示が行われている。複会計制度の法的確立は 1868 年鉄道規制法によるものであるが，付表 I に示された複会計制度のひな形は，当時の主要鉄道の実務を追認したにすぎないと言うべきである。

---

388) *At the General Assembly of the company of Proprietors of the Leeds and Liverpool canal and Douglas Navigation,* 30th April, 1784, p.3.

1860年代の主要鉄道における複会計制度は，鉄道業の経営組織を反映したものである。すなわち，財務部門に対応する資本勘定と営業部門に対応する収益勘定が複会計制度で重要な意味を持つ。財務部門は資本の調達と長期資産への運用を検討し，長期資産の投資残高を運転資本として，営業部門に委ねる。営業部門は運転資本を財源とし，資材の購入や列車の運行に必要な経費に充当して，営業の成果を測定することになる。そして複会計制度は，会社全体の管理部門に対応した一般貸借対照表によって，固定資本への支出と流動資本への支出を明確に区別し，財政状態を明示し，収益勘定における配当可能利益の恣意的計算を排除することを意図したものである。さらに重要なことは，両勘定の残高が一般貸借対照表に集約されることである。一般貸借対照表は，公表される財務諸表の最後に位置し，現金主義をベースとする複会計制度におけるすべての勘定残高の一覧表である。

イギリス鉄道における複会計制度がアメリカの鉄道会社では要請されなかった。この点について中村萬次教授は，当時のイギリス鉄道会社では，A. Smithの自由主義思想によって鉄道会社の重役たちが鉄道ブームに便乗して恣意的な財務報告を行ったが，多くの投資者は，それによって会社財政が脆弱化したと考えたのである。アメリカの鉄道会社はこれと異なり，河川及び運河会社の場合，伝統的に資金不足に見舞われていたので連邦または州政府等の地方自治体から援助を仰いでおり，それが鉄道会社にも引き継がれていたことから，財務報告等についての公的規制が強要されていたためその必要がなかったというのがその根拠なのである[389]，と述べている。この問題に対する外的要因としては的確な分析である。しかし，それ以外にアメリカ鉄道会社の内部の事情も，この問題に対して考慮すべき点がある。アメリカの鉄道会社は当初から資金不足に悩んでおり，イギリスと違い，鉄道株式の価値はかなり低いものであったため，社債金融や公的援助によって建設がすすめられた，資本金に見合う鉄道資産が確保されず，いわゆる過大資本化，会計的には資産の過大表示が常態化

389）中村萬次『会計史断章』萌書房，2005年，142ページ。

していた。複会計制度の下では，株式の払込金額に対応する資産が資本勘定で表示されるため，この資産の過大表示は，発生しない。アメリカ鉄道会社の場合，これに対する会計処理は，発生主義をベースとして，無形資産の計上などによって，擬制資本を機能資本に仮装することで財務諸表の体裁を整えるものであった。これが複会計制度を採用できなかった内的要因の一つである。

参考文献

(本書引用文献を中心として)

Acworth, W. M. *The Element of Railway Economics*, 1905.

相川奈美「Boulton and Watt Company の特許権」『会計史学会年報』第 25 巻，2007 年。

足立　浩『アメリカ管理原価会計史』晃洋書房，1996 年。

Adams, H. C. *American Railway Accounting*, 1918.

An Act for making and maintaining a Navigable Canal from Meathy Tidvile to and through a Place call the Bank, near the Town of Cardiff in the Country of Glamorgan, 30 Geo., Ⅲ, c82.

An Act for making and maintaining a Railway or Tram road from the Liverpool and Manchester Railway, at or near War grave Lane, in Newton in Macke field, to Warrington, in the County Palatine of Lancaster, and Collaterals Branchless to communicate therewith, 10 Geo. Ⅳ . Sess, 1829.

An Act for making a Railway from London to Birmingham, 6th May, 1833, CVLV Ⅲ .

新井政治『イギリス近代企業成立史』東洋経済新報社，1963 年。

Armstrong, J. and Jones, S. *Business Documents*, 1987.

馬場克三『減価償却論』千倉書房，1965 年。

Barker, T. C. and Savage, C. I. An *Economic History of Transport in Britain*, 1974.

Bentley, H. C. *Corporation Finance and Accounting*, 1908.

Bergland, A. *The United States Steel Corporation*, 1907.

Birch, A. "Carron Company 1784-1822: The Profits of Industry during the Industrial Revolution," *Exploration in Entrepreneurial History*, Vol.8, No.2, 1956.

Blackford, M. G. and Kerr, K. A. *Business Enterprise in American History*, 1986.

Bradshaw's Railway Manual, Shareholders' Guide and Directory, 1869.

Burtchett, F. F. and Hicks, C. M. *Corporation Finance*, 1948.

Burton, J. H. *Sinking Funds, Reserve Funds, and Depreciation*, 1926.

Cadsby, C. B. and Maynes, E. "Laboratory Experiments in Corporate Investment Finance: A Survey," *Managerial and Decision Economics*, No.19, 1998.

Chambers, R. J. and Wolniger, P. W. "A True and Fair View of Position and Result; the Historical Background," *Accounting Business and Financial History*, Vol. 1, No. 2, 1991.

Campbell, R. H. "The Financing of Carron Company," *Business History*, Vol.1 and 2, 1959.

Campbell, R. H. *Carron Company*, 1961.

Chambers, R. J. and Wolniger, P. W. "A True and Fair View of Position and Results: the Historical Background," *Accounting Business and Financial History*, Vol.1, No.2, 1991.

Chastney, J. G. *True and Fair View*, 1975.

Chatfield, M. *A History of Accounting Thought*, 1974.

Cleveland, F. C. and Powell, F. W. *Railroad Finance*, 1919.

千葉準一『英国近代会計制度』中央経済社，1991 年。

千葉準一「会計研究の動向－英国会計制度の認識像をめぐる若干の問題」津守常弘還暦・退官記念著作編集委員会『現代会計の国際的動向と展望』九州大学出版，1999 年。

千葉準一・中野常男編著『会計と会計学の歴史』2012 年。

Cooper, J. "Debating Accounting Principle and Policies: the Case of Goodwill, 1880-1921," *Accounting, Business and Financial History*, Vo.17, No.2, 2007.

Coutis, J. K. "Business Goodwill: Conceptual via Accounting, Legal and Etymological Perspectives," *The Accounting Historians Journal*, Vol.10, No.2. 1983.

Cranden, A. B. ad Belcher, D. R. "The Straight-Line Depreciation Accounting Practice of Telephone Company in the United States," *Bell Telephone Quarterly*, October 1929.

醍醐　聡『会計学講義』東大出版会，1998 年。

Daggett, S. *Railroad Reorganization*, 1908.

Deane, P. M. *The First Industrial Revolution*, 1965.

Delano, F. A. "Rates are Based on Capitalization," *Journal of Accountancy*, Vol.4, No.5, 1907.

Diago plc., *Annual Report*, 2003.

DuBois, A. B. *The English Business Company after the Bubble Act 1720-1800*, 1928.

Duguid, C. *The Story of Stock Exchange*, 1901.

Editor, "Depreciation Fund," *Herapath's Railway Magazine and Journal*, 1849.

Editor, "The Financial History of the Year 1866-Railway-Banks-Money Market," *Bankers Magazine*, No.21, May, 1867.

Edwards, J. R. *A History of Financial Accounting*, 1989.

Edwards, J. R. and Barber, C. "Dowlais Iron Company: Accounting Policies and Procedures for Profit Measurement and Reporting Purposes," *Accounting and Business Research*, Vol.9,1979.

Edwards, J. R. and Newell, E. "Development of Industrial Cost and Management Accounting before 1850: A Survey of the Evidence," *Business History* Vol.33, No.1, 1990.

Edwards, R. S. "Some Note on the Early Literature and Development of Cost Accounting," *Accountant*, 7, 14, 21, 28 Aug., and 4, 14, Sept., 1937,

Faulkner, H. U. *American Economic History*, 1954.

Fleischman, R. K. and Tyson, T. N. "Cost Accounting during the Industrial Revolution the Present State of Historical Knowledge," *The Economic History Review,* Vol. XL VI, No. 32, 1993.

Flint, D. *A True and Fair View in Company Accounts*, 1982.

Francis, J., *A History of the English Railway,* Vol.1, Vol.2, 1851.

French, E. A. *The History of the Darby Canal Company 1793-1914*, nP. 1973.

Gilman, S. *Accounting Concept of Profit*, 1939.

Glamorganshire Canal, 30 Geo. Ⅲ . C. 82.

Glen, W. C. *Selford's Law of Railways*, Vol.1, 1869.

呉　天降『アメリカ金融資本成立史』有斐閣，1971 年。

Gourvish, T. B. *Mark Huish and the London and North Western Railway: a Study of Management,* 1972.

Gower, L. C. B. *The Principles of Modern Company Low*, 1957.

Great Western Railway Company, *Auditor's Report by E.Harper and J. G. Child and J. W. Bowen*, 27th February, 1868.

Griffiths, I. *New Creative Accounting*, 1995.

Grodinsky, J. *Jay Gould, His Business Career*, 1862-1893, 1987.

Hadfield, C. *The Canals of South and South East England*, 1970.

Hadfield, C. and Biddle, G. *The Canal of North-west England*, 1970.

Hammersley, G. ed. *Daniel Hesitater the Younger: Memorabilia and Letters: 1600-1638*, 1955.

Harrison, T. E. *Report on Depreciation of Rolling Stock*, 1848.

Hatfild, H. R. *Modern Accounting: Its Principles and Some of Its Problems*, 1909.

Hazard, R. *The Credit Mobilier of America*, 1881.

Hendriksen, E. S. *Accounting Theory*, 1977.

Herapath, J. "On Causes of the Present Depreciation of Railway," *Herapath's Railway Magazine and Journal*, 1840.

平敷慶武『棚卸資産会計研究』税務経理協会，2003 年。

Hise, C. R. V. *Concentration and Control, a Solution of the Trust Problem in the United States*, 1921.

House Report, No. 78, 42Cong., 3rd sess, The Select Committee of House on Affairs of Union Pacific Railroad, Hon. J. M. Wilson chairman, Report and Testimony, 1873.

Hovenden, V. F. "Great Western railway Reserved Fund," *Heraphth's Railway Magazine and Journal*, 1843.

Hughs, H. P. *Goodwill in Accounting: A History of the Issues and Problems*, College of

Business Administration Georgia State University Research Monograph, no.80, 1982.
Huish, M. *Report to the Directors of London and North Western Railway Company on the Present of their Moving Stock*, 1848.
Huish, M. *On Deterioration of Railway Plant and Road*, 1849.
Huish, M. *Report to the General Works Committee on the Present Condition of the Permanent Way*, 1849.
Hunt, B. C. *The Development of the Business Corporation in England, 1800-1867*, 1969.
泉谷勝美『複式簿記生成史論』森山書店，1980 年。
Jackman, W. T. *The Development of Transportation in Modern England*, 1916.
Johnson, E. R. *American Railway Transportation*, 1906.
Johnson, H. T. "Early Cost Accounting for Internal Management Control: Lyman Mills in the 1850's," *Business History Review*, Vol.XLVI, No.4, 1974.
Jones, H. *Accounting, Costing and Cost Estimation, Welsh Industry: 1700-1830*, 1985.
Josephson, M. *The Robber Barons*, 1934.
上村久雄「複会計制度の一省察」『会計』第 75 巻，第 3 号，1959 年。
金戸　武『イギリス鉄道会計発達史』森山書店，1991 年。
上総康行『アメリカ管理会計史（上）（下）』同文舘，1989 年。
笠井昭二『現代会計論』慶応大学出版，2005 年。
加藤盛弘『会計学の論理』森山書店，1973 年。
Kester, R. B. *Accounting Theory and Practice*, 1912.
木村和三郎『新版減価償却論』森山書店，1965 年。
Kindleberger, C. P. "Obsolescence and Technical Change," *Bulletin of the Oxford University Institute of Statistics*, Vol.23, 1961.
小松芳喬「十八世紀におけるブリッジウォーター運河の収支」『早稲田大学政治経済学雑誌』第 226・227 合併号，1971 年。
黒沢　清『会計学の基礎（改訂新版）』千倉書房，1983 年。
黒沢　清『(改訂増補版）近代会計学』春秋社，1964 年。
Lancaster Canal To the Proprietors, and Report of the Committee, June 30, 1795.
Lardner, D., *Railway Economy*, 1850.
Lee, G. A. "The Concept of Profit in British accounting 1760-1900," *Business History Review*, spring 1975.
Lewin, H. G. *Early British Railway: A Short History of their Original Development, 1801-1844*, 1925.
Littleton, A. C. *Accounting Evolution to 1900*, 1933.
Liverpool and Manchester Railway, 10 Geo. Ⅳ. Sess, 1829.
London and Birmingham Railway, 6th May1833, CXLV, Ⅲ.

London and Birmingham Railway Company, *Extract Report of the Proceeding of the General Meeting*, 13th August 1841.

Mason, P. "Illustration of the Early Treatment of Depreciation," *The Accounting Review*, September 1933.

Matheson, E. *The Depreciation of Factories: Mines and Industrial Undertakings and their Valuation*, 2nd edition, 1893.

松田裕之『AT&T を創った人びと』日本経済評論社，1996 年。

May, G. O. *Financial Accounting a Distillation of Experience*, 1943.

McCartney S. and Arnold, A. J. "Financial reporting in the context of crisis; reconsidering the impact "mania" on early railway accounting," *The European Accounting Review*, Vol.1, No.2, 2002.

McCartney, S. and Arnold, A. J. "Financial capitalism, incorporation and the emergence of financial reporting information," *Accounting Auditing and Accountability Journal*, Vol. 25, No. 8, 2012.

Mckendrick, N. "Josiah Wedgwood and Cost Accounting in the Industrial Revolution," *Economic History Review*, 2nd series, Vol.23, 1970.

Meade, E. S. *Trust Finance*, 1920.

村田直樹『近代イギリス会計史研究』晃洋書房，1995 年。

村田直樹『鉄道会計発達史論』日本経済評論社，2001 年。

村田直樹「株式会社における財務報告の源流」 千葉準一・中野常男『会計と会計学の歴史』（体系現代会計学第 8 巻）中央経済社，2012 年。

村田直樹『企業会計の基礎理論』同文舘，2014 年。

中島勇次『鉄道原価計算』交通経済社，1955 年。

中村萬次『会計政策論』ミネルヴァ書房，1977 年。

中村萬次「資本主義会計学批判の方法」 松本　剛・西村　明編著『会計学の方法』ミネルヴァ書房，1984 年。

中村萬次『英米鉄道会計史研究』同文舘，1991 年。

中村萬次『米国鉄道会計史研究』同文舘，1994 年。

Newell, E. "Interpreting the Cornish Copper Standard," *Journal of the Trevithick Society*, Vol.13, 1986.

西村　明『会計の統制機能と管理会計』2000 年。

西沢　脩『IMA の管理会計指針』白桃書房，1953 年。

日本経済団体連合会　金融・資本市場委員会　企業会計部会『のれんの会計処理に関するアンケート』2017 年。

O'brine, P. K. "British Incomes and Property in the Early Nineteenth Century," *Economic History Review*, 2nd series, Vol.12, 1956.

Oellsner, F. *Die Wirtschaftskrisen Erster Bond: Dir Krisen in Vormonopolstshen Kapitlismus*, 1953.

小栗崇資『株式会社会計の基本構造』中央経済社，2014 年。

岡本　清『原価計算』国元書房，1975 年。

Oldroyd, D. Estates, *Enterprise, and Investment at the Industrial Revolution: Estate Management and Accounting in the North-East of England, c. 1700-1780*, 2007.

小澤康人「アメリカ電信電話会社における減価償却の展開」 新井清光編著『財務会計の基礎』中央経済社，1983 年。

Parsons, F. *The Railway, the Trusts, and the People*, 1906.

Pitts, M. V. "Did dividends dictate depreciation in British Coal Companies 1864-1914?," *Accounting History*, Vol.3, No.2, 1998.

Pollard, S. "Capital Accounting in the Industrial Revolution," *York's Hire Bulletin of Economic and Social Research*, Vol.15, No.2, 1963.

Pollard, S. *The Genesis of Modem Management*, 1965.

Pollins, H. "The Finance of Liverpool and Manchester Railway," *Economic History Review*, 2nd series, Vol.5, No.1, 1952.

Pollins, H. "Aspects of Railway Accounting Before 1868", *Studies in the History of Accounting*, edited by M. C. Reed, 1956.

Report and Account, "The Basis of Brand Valuation," *Accountancy*, March 1989.

Report of the commissioner of Corporations on the Steel Industry, part I, Organization, Investment, Profit, and Position of United States Steel Corporation, 1911.

Report of the Committee of Management of the Kennet and Avon Canal Navigation, 16 July 1833

Reed, M.C. *Investment in Railway in Britain 1824-1844*, 1857.

Reed, M.C., *Railway in the Victorian Economy*, 1969.

Rennie, J. *A Report on the Comparative Advantage of Canal on Iron Railway Proposed to be made between London Docks and Grand Junction Canal at Paddington*, 1802.

Ripley, W. Z. "Railroad Over-Capitalization," *Quarterly Journal of Economics*, August 1914.

Ripley, W. Z. *Railroads: Finance and Organization*, 1915.

Roll, E. *An Early Experiment in Industrial Organization: Being a History of Firm of Boulton and Watt, 1775-1805*, 1930.

佐合紘一「エクイティファイナンスと過大資本化－過大資本の歴史と現代－」『大阪市立大学証券研究年報』第 5 号，1990 年。

阪本雅彦「いわゆる『のれん代』からみた産業資本の産業株式資本への転化」『立命館国際研究』第 18 巻，第 3 号，2006 年。

佐々木重人『近代イギリス鉄道会計史』国元書房，2010 年。

Scott, W. *The Principle of Cost Accounting*, 1947.

清水泰洋『アメリカの暖簾会計』中央経済社，2003 年。

Smeaton, J. *Report of the Late*, 1765.

Smith, T. *Accounting for Growth*, 1998.

Solomons, D. "The Historical Development of Costing," D. Solomons edited, *Studies in Costing*, 1953.

Steel, W. L. *The History of the London and North Western Railway*, 1914.

Stone, W. E. "An Early English Cost Accounting System, 1810-1889," *Accounting and Business Research*, Vol.4, 1973.

杉浦克己「マコンネル・ケネディ－イギリス産業革命の具体例－」『社会科学紀要』1982 年。

高寺卓男・醍醐　聡『大企業会計史の研究』同文舘，1979 年。

高山朋子『財務諸表の理論と制度』森山書店，2002 年。

田中健二「東芝事例に見るのれんの減損をめぐる課題」『企業会計』第 69 巻，第 7 号，2017 年。

Taylor, W. C. L. "Over-Capitalization Should be Against the Rules of Financial Game," *The Journal of Accountancy*, Vol.4, September 1970.

The 1958 Committee on Management Accounting of the American Accounting Association, "Report of the Management Accounting Committee," *The Accounting Review*, Vol.34, No.3, 1959.

The 1961 Committee on Management Accounting of the American Accounting Association, "Report of the Management Accounting Committee," *The Accounting Review*, Vol.37, No.3, 1962.

Third Report from the Select Committee of House of Loads appointed to Consider "Whether the Railway Acts do not require Amendment, with a View of providing for a more Effectual Audit of Accounts, to guard against the application of Funds of such Companies to Purpose for which they were not Subscribed under the Authority of the Legislature," and to Report Thereon to the House: together with the Further Minutes of Evidence, 18th June 1849.

Took, T. *History of Prices*, 1838.

Trottman, N. *History of Union Pacific*, 1923.

Vignales, C. *Report of Construction of a Railway*, 1828.

Walker, J. *Liverpool, and Manchester Railway: Report to the Directors on the Comparative of Loco-motive and Fixed Engines, As a Moving Power*, 1829.

Ward, J. R. *The Finance of Canal Building in Eighteenth-Century England*, 1974.

渡邉　泉『損益計算書の進化』森山書店，2005 年。

Waymire, G. B. and Sidipta, B. "Accounting is an Evolved Economic Institution," *Foundation and Trends in Accounting*, Vol.2, No.1-2, 2008.

Wells, M. C. *Accounting for Common Costs*, 1978.

Woodlock, T. F. *The Anatomy of Railroad Report and Ton-mile Cost*, 1895.

山浦久司『英国株式会社会計制度論』白桃書房，1993 年。

湯沢　威『イギリス鉄道経営史』日本経済論社，1988 年。

事項索引

サ

タ

人名・会社名索引

A

B

C

D

E

F

G

H

I

J

K

L

M

N

P

R

S

T

U

V

W

ア

カ

サ

タ

ナ

ハ

ヤ

《著者紹介》

村田直樹（むらた・なおき）

1953年　東京都に生まれる
1983年　日本大学大学院経済学研究科博士後期課程満期退学
1987年　ロンドン大学歴史研究所研究員
1995年　長崎県立大学教授
2003年　博士（経済学）（九州大学）
　　　　淑徳大学教授を経て，
現在，日本大学経済学部特任教授

（検印省略）

2021年1月10日　初版発行　　　略称 ―基層

会計学の基層

著　者　村　田　直　樹
発行者　塚　田　尚　寛

発行所　東京都文京区春日2－13－1　**株式会社　創　成　社**

電　話　03（3868）3867　　F A X　03（5802）6802
出版部　03（3868）3857　　F A X　03（5802）6801
http://www.books-sosei.com 振　替　00150-9-191261

定価はカバーに表示してあります。

ISBN978-4-7944-1557-8 C3034
Printed in Japan

組版：スリーエス　印刷：エーヴィスシステムズ
製本：エーヴィスシステムズ
落丁・乱丁本はお取り替えいたします。

簿記・会計選書

会計学の基層	村田直樹	著	2,700円
会計学ハンドブック	村田直樹	編著	1,200円
会計のリラティヴィゼーション	竹田範義 相川奈美	編著	3,600円
日本簿記学説の歴史探訪	上野清貴	編著	3,000円
全国経理教育協会 公式 簿記会計仕訳ハンドブック	上野清貴 吉田智也	編著	1,200円
現代会計の論理と展望 ―会計論理の探求方法―	上野清貴	著	3,200円
IFRS 教育の実践研究	柴　健次	編著	2,900円
IFRS 教育の基礎研究	柴　健次	編著	3,500円
非営利組織会計テキスト	宮本幸平	著	2,000円
現代管理会計論再考 ―会計と管理，会計と非会計を考える―	足立　浩	著	3,700円
社会化の会計 ―すべての働く人のために―	熊谷重勝 内野一樹	著	1,900円
活動を基準とした管理会計技法の展開と経営戦略論	広原雄二	著	2,500円
ライフサイクル・コスティング ―イギリスにおける展開―	中島洋行	著	2,400円
アメリカ品質原価計算研究の視座	浦田隆広	著	2,200円

（本体価格）